Anneliese Schulz

Stundenblätter
Zeit und Umwelt Jesu

Das Heilige Land – Die Bibel

Sekundarstufe I

Beilagen:
31 Seiten Stundenblätter
+ 9 Arbeitsblätter zum Kopieren

Ernst Klett Verlag für Wissen und Bildung
Stuttgart · Dresden

Stundenblätter Religion werden herausgegeben von Dr. Uwe Stamer

Als Ergänzung zu den vorliegenden Stundenblättern
sind erschienen:
Materialien Zeit und Umwelt Jesu (Hrsg. A. Schulz)
Klettbuch 26875

CIP-Titelaufnahme der Deutschen Bibliothek

Schulz, Anneliese:
Stundenblätter Zeit und Umwelt Jesu:
das Heilige Land – die Bibel;
Sekundarstufe I / Anneliese Schulz. – 1. Aufl. –
Stuttgart; Dresden: Klett, Verlag für Wissen und Bildung, 1991
    (Stundenblätter Religion)
    Erg. bildet: Materialien Zeit und Umwelt Jesu
    ISBN 3-12-926708-5

1. Auflage 1991
Alle Rechte vorbehalten
Der Verlag genehmigt die Vervielfältigung der entsprechend
gekennzeichneten Seiten in der Beilage. Im Kaufpreis ist die
Gebühr für Kopien dieser Seite zur Ausgabe an Schüler enthalten.
© Ernst Klett Verlag für Wissen und Bildung GmbH, Stuttgart 1991
Satz: G. Müller, Heilbronn; Wilhelm Röck, Weinsberg
Druck: Wilhelm Röck, Weinsberg
Einbandgestaltung: Zembsch' Werkstatt, München
ISBN 3-12-926708-5

Inhalt

Einleitung

„Wer nicht weiß, wo er herkommt, weiß auch nicht, wo er hingeht."

Der vorliegende Entwurf möchte Schüler der Klassenstufe 5/6 hineinnehmen in die Fragen nach dem „Woher?" und „Wie war das damals?" und weiterführen hin zu einem verantwortlichen Umgang mit der Bibel und der Botschaft Jesu. Das Unterrichtsmodell hat zwei Schwerpunkte:
– Das Heilige Land, seine Menschen und seine Geschichte,
– die Bibel, ihre Entstehung und ihre Inhalte.
Bewußt wurde das Thema „Das Heilige Land" an die erste Stelle gesetzt. Zum einen greift es Reiseerfahrungen und Reiseerlebnisse der Schüler auf, zeigt Leben und Menschen im Alltag und in der Umwelt Jesu und leitet dann weiter durch die Beschäftigung mit Menschen und Geschichten der Bibel zum zweiten Hauptteil, der Bibel und den damit verbundenen Informationen. Die einzelnen Teile sind so konzipiert, daß über spielerische Elemente hingeführt wird zu Wissen und Fakten, die gelernt und wiedergegeben werden sollen.
Anders als in späteren Klassenstufen wird der Lehrer viel Interesse, Neugier und Freude an den biblischen Geschichten und Informationen begegnen. Die Vorschläge, damit umzugehen und dem Interesse der Schüler gerecht zu werden, gehen von der Lektüre des biblischen Textes und den Erzählvorschlägen für die Hand des Lehrers hin zu freiem Erzählen und dem Nachspielen der Schüler. Die Begeisterung der Kinder dieses Alters ist eine beglückende und befriedigende Erfahrung für den Religionslehrer.

Es gilt, die Lebendigkeit und Spontanität der Schüler umzusetzen in Lernerfahrungen, Wissen und eine positive Grunderfahrung, die als eine große Chance für das Fach Religion gerade in dieser Altersstufe zu betrachten ist. Die Mühe, Zeit und Vorbereitung, die hier von den Kollegen aufgewendet werden, können tragende Elemente sein in jener Altersstufe, die auch von den Religionslehrern immer wieder als Durststrecke oder als Frustration erlebt wird.
Der vorliegende Entwurf wird vielleicht manchem Kollegen zu ausführlich sein. Es ist jedoch nicht daran gedacht, zu einem peniblen Nachvollzug dieses Entwurfs aufzufordern. Jeder Kollege sollte das herausfinden und in seinen Unterricht einbringen, was seinen Zielvorstellungen, seiner persönlichen Arbeitsweise und der seiner Schüler entspricht. Man möge dieses Stundenblatt betrachten als den Versuch, Schülern dieser Altersstufe die ersten „Gehversuche" in einer ihnen noch fremden, neuen Schulart zu erleichtern, sie in ihrer vertrauten Welt „abzuholen" und sie mit Freude an die neue Thematik und Arbeitsweise heranzuführen.
Ziel dieses Stundenblattes ist es, die Schüler bekannt zu machen mit dem Land und der Umwelt Jesu, ihnen die Probleme und die Menschen seiner Zeit vorzustellen und sie zu einem sachgemäßen Umgang mit der Bibel, ihrer Entstehungsgeschichte und den dahinterstehenden Traditionen zu führen.
Nur ein sachgemäßer, „wissender" Umgang mit dem Wort, das Gott uns durch Jesus deutlich und klar gesagt hat, führt zu einem verantwortlichen, sachgemäßen Umgang mit unseren Mitmenschen und der Welt, die Gott uns anvertraut hat.

Methodische Vorüberlegungen

I. Versuch einer Standortbestimmung

a) psychologisch

Kinder dieser Altersstufe auf dem Weg vom Kind zum Jugendlichen sind gekennzeichnet durch ihre Hinwendung zur Außenwelt, zur Freude am Faktenwissen, an Zahlen, am konkreten Geschehen. Sie beginnen, nach der Vergangenheit zu fragen, ihrer eigenen, der der Familie und der anderer Menschen. Ein großer Wissensdurst prägt viele von ihnen, Neugier und Phantasie, Abenteuerlust und Experimentierfreude sowie die Sehnsucht nach Reisen in ferne Länder kann man beobachten. Sie zeigen Interesse für die Probleme der Umwelt, der Natur und der Tiere, bei einigen von ihnen − sicherlich nur vereinzelt − gibt es bereits Interesse und Wissen um Dinge der Politik. Der Stolz, etwas zu können oder sogar besser zu können als die anderen, geht Hand in Hand mit dem Stolz, nun auch dem Zustand des „Groß"-werdens nähergekommen zu sein.

b) religiös

Immer häufiger begegnen dem Religionslehrer Schüler, die nicht oder noch nicht getauft sind. Dies scheint ein Symptom zu sein für die Entfremdung vieler Eltern von der Volkskirche. Der Verlust religiösen Wissens stellt den Religionsunterricht vor neue Aufgaben. Viele der Schüler sind weder durch die Eltern, Paten oder Großeltern noch durch einen christlichen Kindergarten oder durch den Besuch der Kinderkirche mit biblischen Geschichten vertraut gemacht worden, geschweige denn mit religiösen Bräuchen. Der Religionsunterricht der Grundschule konnte diese Lücken nur ganz bedingt auffangen und füllen.

Kinder dieser Altersstufe sind interessiert an Geschichten und Menschen aus der Bibel. Sie sind seelisch und auch religiös ausgeglichen und haben in der Regel noch ein harmonisches Verhältnis zu ihrer Umwelt, zur Familie und den Freunden.

Diese sicherlich noch sehr unkritische bis kindliche Frömmigkeit der Schüler fordert den Religionslehrer heraus. Es gilt hier in hohem Maß das religionspädagogische Prinzip, niemals etwas zu sagen, was vor den kritischen Fragen der Schüler der höheren Klassenstufen nicht standhalten kann! Die Schüler spüren sehr wohl die Ehrlichkeit und Offenheit ihres Religionslehrers und akzeptieren durchaus die Aussage, daß man als Religionslehrer auch nicht alles wisse, nicht auf alles eine Antwort habe und selber auch kritische Fragen stelle.

II. Pädagogische Hinweise

a) allgemein

Der Übergang zu einer weiterführenden Schule bedeutet für die meisten Kinder, aus der Geborgenheit weniger Lehrer und der Überschaubarkeit heraus der Vielzahl und Verschiedenartigkeit von Fachlehrern gegenüberzustehen.

Neue Klassenkameraden fordern heraus, und die neue Lernsituation, als Guter unter vielen anderen Guten zu sein, und neue − manchmal zum ersten Mal

8

schlechte Noten – verursachen häufig zu Beginn eine große Verunsicherung. Der Stolz, nun aus der Grundschule heraus zu sein und das Gefühl der Verlorenheit werden sich je nach Charakter der Schüler immer wieder abwechseln.

Hier gilt es, immer wieder zu ermutigen, Verständnis zu zeigen und Geduld zu haben.

b) Schwierigkeiten

Die Arbeitsweise von Schülern vor allem der Klasse 5 erfordert vom Lehrer Einfühlungsvermögen, braucht Zeit und Geduld und bisweilen gute Nerven!

Die Schüler sind zum Teil langsam in ihrem Arbeitsverhalten, sie sind umständlich, kindlich und empfindlich und brauchen immer wieder auch ihre „Streicheleinheiten". Mangelndes Durchhaltevermögen zwingt zum Methodenwechsel. Eine regelmäßige Kontrolle der Hausaufgaben, der Arbeitsmaterialien und Hefte ist unumgänglich. Die Unruhe und die mangelnde Konzentrationsfähigkeit, die seit einigen Jahren gerade bei dieser Altersstufe beobachtet werden, zwingen den Lehrer zu Konsequenz und Durchsetzungskraft; eine Rolle, die der Religionslehrer nur ungern übernimmt!

Zu bedenken sei, daß den meisten Schülern geographische Kenntnisse sowie die Fähigkeit, mit einer Landkarte umzugehen, noch fehlen. Auch geschichtliche Zusammenhänge und Daten können nicht erwartet werden.

Das Anschreiben der Ergebnisse an die Tafel ist unbedingt erforderlich, das Diktat ins Heft sollte gar nicht erst versucht werden, da es die Nerven und das Klassenklima schont!

c) Positive Ausblicke

Die Spontanität und Offenheit der Schüler macht das Unterrichten in dieser Klassenstufe in der Regel erfreulich und be-

glückend. Die Bereitschaft zu Extraarbeiten, die Lust an Rätseln und Spielen beleben den Unterricht. Die Schüler sind stolz auf Erreichtes und lernen durchaus noch gerne auswendig.

Erfreulich ist es, daß viele Eltern in diesen Klassen bereit sind, ihr Wissen und ihre Erfahrungen in den Unterricht einzubringen. Die Mitarbeit und das Mitdenken der Eltern auch bei der Kontrolle und dem Erledigen der – ja relativ überschaubaren – Hausaufgaben ist meistens positiv zu bewerten.

Man wird gerade in diesen Jahren beobachten können, wie das Abstraktionsvermögen zunimmt und der Wissensdurst immer wieder befriedigt werden kann. Das Bild vom Religionsunterricht wird in diesen ersten Klassen in der weiterführenden Schule geprägt und bekommt seine Bedeutung und Wertigkeit – oder eben nicht! Nicht selten kann man die Erfahrung machen, daß hier Weichen gestellt werden, die die gesamte Schulzeit bestimmen.

Die eigene positive Erfahrung, mit dem Thema „Israel" und „Bibel" den Unterricht in Klasse 5 zu beginnen, mögen Anreiz und Anstoß für die Kollegen sein, selber mit dieser Einheit ihren Unterricht in Klasse 5 zu beginnen.

d) Anmerkungen zur Lernkontrolle

Es wird in diesem Entwurf darauf verzichtet, Vorschläge für eine Klassenarbeit anzubieten.

Es reicht aus und ist dem Arbeits- und Lernverhalten von Schülern der Klassen 5 und 6 angemessen, kurze schriftliche Wiederholungen (Dauer: 20 Minuten, Stoff der letzten 2 Stunden) zu machen, die aber nicht vorher angekündigt sein sollten. Dazu kann man durchaus auch die Arbeitsblätter oder Rätsel verwenden, die zu den einzelnen Stundenentwürfen angeboten werden.

Kommentierte Bibliographie

Die Kollegen, die sich über dieses Stundenblatt hinaus über das Thema „Zeit und Umwelt Jesu − das Heilige Land und die Bibel" informieren möchten, seien auf folgende Werke hingewiesen:

„Reclams Bibellexikon"; herausgegeben von K. Koch, E. Otto, J. Roloff und H. Schmoldt; Philipp Reclam jun., Stuttgart 1982, 3. Auflage.

Hier finden sich die gewünschten Informationen in kurzer Form, teilweise auch mit Abbildungen.

Stellvertretend für die vielen „Einleitungen in das Neue Testament" sei genannt:

H. Conzelmann, A. Lindemann „Arbeitsbuch zum Neuen Testament"; J. C. B. Mohr UTB (Paul Siebeck), Tübingen 1976.

Das Arbeitsbuch gibt einen guten Überblick über die wissenschaftlichen Arbeitsmethoden, über die historischen und theologischen Probleme der einzelnen Schriften des Neuen Testaments, über die Zeitgeschichte des Urchristentums sowie über die Lehre Jesu und die Geschichte der Urgemeinde und der frühen christlichen Gemeinde.

Gerd Theißen „Der Schatten des Galiläers"; Historische Jesusforschung in erzählender Form; Chr. Kaiser Verlag München, 1988, 6. Auflage.

Theißen entwirft in erzählender Form ein anschauliches Bild von Jesus und seiner Zeit. Theißen ist Professor für Neues Testament und nimmt die Leser mit hinein in die Geschichte Jesu; daneben läßt er die religiöse und soziale Welt des Judentums damals deutlich werden.

Walter Bühlmann „Wie Jesus lebte"; Vor 2000 Jahren in Palästina, Wohnen, Essen, Arbeiten, Reisen; Rex-Verlag Luzern/Stuttgart 1989, 2. Auflage.

Der Untertitel zeigt, worum es dem Autor geht. Er beschreibt Zeit und Umwelt Jesu auf Grund neuester archäologischer Erkenntnisse. Das Buch, das mit vielen Abbildungen versehen ist, bietet eine gute Arbeitshilfe für den Religionsunterricht. Es ist zugleich auch für den Reisenden ins Heilige Land eine wertvolle Hilfe.

Zum Schluß seien noch exemplarisch drei Reiseführer genannt, die auch für die Unterrichtsvorbereitung hilfreich sind:

Merian, „Israel", Merian, „Jerusalem" aus der Reihe der Merian-Monatshefte

und

Erhard Gorys, „Das Heilige Land" aus der Reihe der DuMont Kunst-Reiseführer; Köln 1988, 8. Auflage.

Der Untertitel zeigt an, daß es in diesem Reiseführer um „historische und religiöse Stätten von Judentum, Christentum und Islam in dem 10000 Jahre alten Kulturland zwischen Mittelmeer, Rotem Meer und Jordan" geht. Der Reiseführer gibt weiterführende und vertiefende Informationen und ist sicherlich einer der besten Führer für eine Reise in das Heilige Land.

Wer noch ausführlicher informiert werden möchte, sei hingewiesen auf:

Gerhard Kroll „Auf den Spuren Jesu"; Verlag Katholisches Bibelwerk Stuttgart 1988, 10. Auflage.

Hier liegt ein umfangreiches Werk vor, das mit vielen Bildern und Abbildungen wichtige Einzelinformationen liefert sowie den historischen Hintergrund beleuchtet.

Leseempfehlung für Schüler

oder zur Anschaffung für die Schülerbücherei:

Peter Connolly „Das Leben zur Zeit des Jesus von Nazareth"; Tessloft Sachbuch Hamburg.

Hier liegt ein bebildertes, kindgemäßes Sachbuch vor, das die Zeit und Umwelt Jesu plastisch darstellt.

Lutz von Dick „Feinde fürs Leben?" Aufregende Ferien in Jerusalem; rororo Rotfuchs, Reinbek bei Hamburg, 1989.

Es handelt sich um ein aktuelles und empfehlenswertes Jugendbuch über Ferien in Jerusalem zu Zeit der Intifada.

Übersicht über die Unterrichtseinheit*

*Anmerkung: Mat. 1, 2, ... im Materialienheft
Mat. A, B, ... hier bei den Stundenbeschreibungen

Stunde	Inhalt (Kurzfassung)	Begründung	Referate/ Hausaufgaben	Vom Lehrer besonders zu beachten
1. Stunde Wir reisen in die Heimat Jesu	– Einstimmung durch ein Gespräch über Reisen – Vorbereitungen zu einer Reise ins Heilige Land – Einüben eines Liedes aus Israel	– Motivation – Einstimmung in das neue Thema in einer neuen Umgebung – Freude am Planen einer Reise	– Lernen des Liedes aus Israel	Die Schüler sollen mit ihren Vorschlägen ernst genommen werden. *Materialien:* Mat. 1 Landkarte vom Nahen Osten (fakultativ) Dias für die 4. Stunde bedenken und einplanen (evtl. Eltern ansprechen).
2. Stunde Wir fliegen von Deutschland nach Israel	– Gespräch über eine Flugreise nach Israel und die Busfahrt nach Jerusalem – Informationen über das Heilige Land und die Altstadt von Jerusalem	– Vorstellung einer konkreten Reise mit Flug und Hotelaufenthalt – Kennenlernen der Altstadt von Jerusalem und ihrer Sehenswürdigkeiten	– Geographische Fakten lernen	Die Vorstellung der Altstadt Jerusalems und die Erzählung der Reise soll die Schüler mit dem Land bekannt machen. *Materialien:* Landkarte vom Nahen Osten oder Mittelmeerraum oder Atlas Mat. 2, 3; Mat. A „Möckmühler Arbeitsbogen Nr. 17" rechtzeitig für die 6. Stunde bestellen.
3. Stunde Von Jerusalem zum Toten Meer	– Fahrt zum Toten Meer – Fakten zum Toten Meer – ein Querschnitt – Gespräch über das Klima, über Säen und Ernten	– Die Besonderheiten des Toten Meeres sollen den Schülern erklärt werden. – Das Klima und die Landwirtschaft soll den Schülern erklärt werden.	Lernen der mitgeteilten und aufgeschriebenen Fakten zum Thema	Wenn die Schüler eine Reise planen, müssen sie über die Besonderheiten des Landes und sein Klima Bescheid wissen. *Materialien:* Landkarte vom Nahen Osten (aus Geographiesammlung); Mat. 4

Stunde	Verlauf	Lernziele		Hinweise
4. Stunde Wem gehört das Land?	– Gespräch über Besitzverhältnisse – Ein Bauernspruch – Bibelarbeit: Wie steht Israel zu seinem Land? – Bilder aus dem Heiligen Land (Dias)	– Gewisse Dinge sind kein selbstverständlicher Besitz – Sensibilisierung der Schüler – Erkennen, was nicht selbstverständlich ist – Rückfrage in der Bibel wegen Israels Verhältnis zu seinem Land – Anfragen an unsere ökologische Verantwortung – Dias zum Kennenlernen des Landes		Hörbereitschaft und Problembewußtsein sollen gefördert und erweitert werden. Der verantwortungsvolle Umgang mit der Schöpfung muß immer wieder bedacht werden. *Materialien:* Bibeln Mat. 5 Dias vom Heiligen Land
5. Stunde Vom Korn zum Brot	– Gespräch über Ernten, Dreschen u.ä. – Informationen über Mahlen und Backen – Herstellung eines Fladenbrotes	– Schüler haben Interesse an den Dingen des Alltags, – sie sind aufnahmebereit für Fakten, die ihre Welt berühren, – sie interessieren sich dafür, wie andere Menschen zu anderen Zeiten gelebt und gearbeitet haben.		Alltägliche Dinge aus der Welt der Schüler verschaffen Bereitschaft, auch die Welt der Bibel in ihre Welt zu integrieren und Berührungspunkte zu erkennen. *Materialien:* Getreideähre; Bibeln (fak.) Mat. 6, 7 Der Film für die 7. Stunde muß bestellt werden.
6. Stunde Wohnen in Palästina	– Eine Erzählung – Klassengespräch über die Reaktion der einen Figur – Leben in einem Einraumhaus – Bildbetrachtung	– Eine nacherzählte biblische Geschichte soll den Schülern das Wohnen in einem Einraumhaus verdeutlichen und die Schwierigkeiten zeigen, die sich nachts ergeben können. – Die Schüler sollen sich hineinversetzen können, wie man damals lebte, wohnte, wo man aß, arbeitete, schlief.	Abzeichnen des Einraumhauses in die Hefte (fak.) Beschriften des Arbeitsblattes	Es ist wichtig, daß die Schüler früh erkennen, daß die Bilder, die Jesus in seinen Geschichten und Gleichnissen verwendete, aus der Umwelt und der Erfahrung seiner Zuhörer genommen wurden. *Materialien:* Mat. 8, 9 Mat. B Arbeitsblatt 1

Stunde	Inhalt (Kurzfassung)	Begründung	Referate/Hausaufgaben	Vom Lehrer besonders zu beachten
7. Stunde Wir besuchen eine Beduinenfamilie	– Gespräch über die Lebensweise Abrahams und seiner Söhne – Filmvorführung – Nacharbeit, Leben der Beduinen und Rückschlüsse auf Abraham und seine Söhne	– Abrahams Lebensform soll durch das Kennenlernen der Beduinen heute verdeutlicht werden. – Beduinen gehören auch zu den Bewohnern Israels. – Kennenlernen einer fremden Lebensweise.	Lösung des Arbeitsblattes 2 zum Thema „Kleinviehnomaden"	– Filmraum und Filmgerät müssen vorhanden sein. – Arbeitsblätter müssen kopiert mitgebracht werden. – Die Lebensweise der Beduinenkinder wird die Schüler interessieren. *Materialien:* Film: „Leben in der Wüste" Arbeitsblatt 2
8. und 9. Stunde Wir lernen Gruppen aus der Zeit Jesu kennen	– Gespräch über Namen – Geschichte – Klassengespräch über das Gehörte – Gruppen um Jesus, Arbeit am Arbeitsblatt 3 – Nachlesen in der Bibel (fak.)	– Die Gruppen zur Zeit Jesu müssen den Schülern vertraut werden. – Die Problematik „Jude – Römer" wird durch die Erzählung erkannt. – Einzelne Gestalten um Jesus geben Hinweise auf die verschiedenen Gruppen. – Symbole weisen auf Kennzeichen und Gruppen hin. – Biblische Geschichten sollen verdeutlichen, was vorher im Gespräch angesprochen wurde.	Lernen der verschiedenen Gruppen zur Zeit Jesu	Die Geschichte und das Gespräch über Hinweise, die Namen geben können, machen die Schüler mit der damaligen politischen Situation bekannt. Die biblischen Geschichten zeigen, wie weit das politische Geschehen auch im Leben Jesu eine Rolle spielte. *Materialien:* Bibeln (fak.) Mat. 10 Arbeitsblatt 3
10. Stunde Jesus beim Zöllner Matthäus	– Klassengespräch, wie man sein möchte und wie nicht – Tafelbild (I. Teil) – Information über Zöllner – Bildbetrachtung – Erzählung	– Das Nachdenken über verschiedene Verhaltensweisen und Eigenschaften macht auf die Zöllner, ihre Problematik und die ihnen zugeschriebene Geldgier aufmerksam.	Lösung eines Rätsels mit Lösungswort	Das Gespräch über „So möchte ich sein, so nicht", muß gelenkt werden, damit es nicht zu lang wird. Die Tafelarbeit muß bedacht und ergänzt werden. Der synoptische Vergleich ist für die

	– Ergänzung des Tafelbildes (II. Teil) – Bibelarbeit – Vollendung des Tafelbildes (III. Teil) – Synoptischer Vergleich (fak.)	– Jesus begegnet einem solchen geldgierigen, verachteten Menschen und verändert ihn. – Jesu Verhalten soll zum Nachdenken und Umdenken anregen und gilt auch in heutiger Zeit.		Schüler neu und ungewohnt (fak.). Die Frage nach dem Umgang mit ungeliebten, verachteten Menschen soll die Schüler nachdenklich machen. Das Ablehnen von unbequemen und verachteten Menschen ist den Schülern durchaus vertraut und betrifft sie selber in ihrem Verhalten. Hier wird der Lehrer einen guten Gesprächsansatz haben. *Materialien:* Bibeln Mat. 11 Mat. C Arbeitsblatt 4
11. Stunde Die Bibel – eine Bibliothek	– Gespräch über Begriffe wie „Bibliothek" u.a. – Tafelbild zur Verdeutlichung – Gespräche über die Ordnung einer Bibliothek und der Bibel – Klassengespräch über die besondere Bedeutung der Bibel als „Heilige Schrift"	– Das Wort „Bibel" soll in seiner griechischen Wurzel und Bedeutung erkannt werden. – Der Aufbau der Bibel wird im Vergleich mit dem Aufbau einer Bücherei besprochen. – Die Bibel ist *das* Buch der Christen und in seinem Inhalt für die Glaubenden von großer Wichtigkeit. Das sollen die Schüler gesprächsweise erarbeiten.	– Die alttestamentlichen Bücher sollen mit Namen versehen werden. – Die Anfangsverse von „In des Alten Bundes Schriften ..." werden gelernt. Als Zusatzaufgabe könnten Streichholzschachteln mit den Namen der alttestamentlichen Bücher versehen werden.	Die griechischen Fremdwörter sind den meisten Schülern nicht geläufig. Daß der Begriff „Bibel" aus dem Griechischen stammt, wissen die meisten Schüler noch nicht. Der Aufbau der Bibel muß aus dem Inhaltsverzeichnis erhoben werden. Das Gespräch über die Bedeutung der Bibel für die Christen wird für viele Schüler schwierig sein. *Materialien:* Bibeln Mat. 12 Arbeitsblatt 5 Streichholzschachteln (fak.)

Stunde	Inhalt (Kurzfassung)	Begründung	Referate/Hausaufgaben	Vom Lehrer besonders zu beachten	
12. und 13. Stunde Die Schreibmaterialien und Sprachen der Bibel	– Gespräch über alte Schreibmaterialien – So wurde die Bibel aufgeschrieben – Informationen – Die verschiedenen Sprachen und Schriften der Bibel – Die erste ganze deutsche Bibelübersetzung von Luther – Verschiedene andere Bibelübersetzungen	– Faktenwissen und Tatsachen interessieren die Schüler. – Die Bibelentstehung ist konkret und vorstellbar. – Die verschiedenen Sprachen sind interessant und anschaulich. – Luther als Bibelübersetzer muß erklärt werden. – Zu den verschiedenen Sprachen wird eventuell nach Name und Bedeutung gefragt.	– Beschriften des Bücherschranks mit den neutestamentlichen Büchern – Weiterlernen des Spruches eventuell: Streichholzspiel fertigstellen (fak.)	Anschauungsmaterial macht die Vorstellung der Bibelentstehung konkreter. Das meiste, was in dieser Stunde vermittelt werden soll, wird den Schülern nicht bekannt sein. *Materialien:* Mat. 13, 14, 15, 16, 17 Arbeitsblatt 6 Papyrus als Anschauungsmaterial, alte Handschriften u.a. (fak.) Tonbildserie für die 17. Stunde bestellen.	
14. Stunde Erlebtes wird Geschichte	– Klassengespräch über Vergangenes in der eigenen Familie, das für die Schüler von Bedeutung ist – Bezug auf die Geschichtsschreibung im alten Israel – Menschen der Bibel und ihre Geschichte werden einander zugeordnet – Kennenlernen der Lebensgeschichte wichtiger Personen der Bibel	– Das Wissen um die Vergangenheit der Familie prägt auch die nachfolgenden Generationen. – Verstehen, warum auch Israel seine Geschichte aufschrieb, bzw. aufschreiben ließ. – Der Aufbau der Bibel und die Reihenfolge der biblischen Gestalten sollen erkannt und kennengelernt werden.	– Bearbeitung des „Rätsels" – Weiterlernen des Spruches „In des Alten Bundes Schriften ..."	Die Schüler sollen ahnen, daß auch sie, wie die Menschen der Bibel, in einer Geschichte stehen, die prägt. Das Wissen um die Vergangenheit kann das Heute beeinflussen. Schüler dieses Alters fragen nach Vergangenem und versuchen, dieses zu verstehen. *Materialien:* Mat. D Arbeitsblatt 7 Papier o.ä. für die Vertiefung des Stoffes von Phase 2 (fak.)	

| 15. und 16. Stunde
Die Evangelien entstehen | – Gespräch über einen fiktiven Brief
– Wie und wann wurden die Evangelien geschrieben?
– Bibelarbeit
– Informationen über die zeitliche Einordnung der vier Evangelien
– Synoptischer Vergleich
– Aktualisierung der Botschaft Jesu durch das Gespräch über einen Dialog | – Der fiktive Brief führt in die Evangelienentstehung ein.
– Bekanntwerden mit dem ersten Kapitel des Lukas-Evangeliums.
– Erkenntnisse über die Zeit, in der Jesus lebte und wirkte, und die daraus entstehenden Fragen zur Evangelienberichterstattung.
– Durch den synoptischen Vergleich bekommen die Schüler Einblick in die Unterschiede der Evangelien.
– Die Fortsetzung des Dialogs soll den Schülern zeigen, wie aktuell die Botschaft Jesu auch heute noch ist. | – Ergänzung des Lückentextes mit den richtigen Begriffen
– Weiterlernen des Spruches | Der fiktive Brief an Lukas darf für die Schüler nicht als ein wirklich so geschriebener Brief verstanden werden! Eventuelle Fragen der Klasse danach, welcher der Evangelisten denn recht habe, müssen bedacht und beantwortet werden.
Der synoptische Vergleich und die Übernahme in die Hefte wird unter Umständen zeitaufwendig sein.
Die Fortsetzung des Dialogs wird vermutlich zu einem lebhaften Klassengespräch führen.
Materialien:
Bibeln
Mat. 18, 19
Arbeitsblatt 8

Steht für die 17. Stunde ein verdunkelbarer Raum zur Verfügung? |
| 17. Stunde
Das Abenteuer von Qumran (Tonbilddokumentation) | – Vorführen der Tonbildschau
– Nacharbeit in Form eines Klassengesprächs mit Lehrerinformation
– Erarbeitung der wichtigsten Fakten
– Tafelarbeit | – Die Tonbildschau verdeutlicht die Bibelentstehung und die zeitliche Einordnung an einem Beispiel: Die Jesajarolle A und die Handschriftenfunde bei Qumran.
– Außerdem werden die Schüler noch einmal an die Gruppe der Essener erinnert (aus der 8./9. Stunde).
– Die Ergebnisübernahme in die Hefte leistet eine wichtige Nacharbeit. | – Arbeitsblatt zur häuslichen Nacharbeit und/oder: Beenden des Spruches | Ein verdunkelbarer Raum und eine gute Tonwiedergabe sind wichtig.
Die Schüler werden zu der Tonbildschau Fragen haben, da ihnen einige Tatsachen nicht deutlich genug wurden. Einige wenige Teile der Serie überfordern die Schüler. Man kann sie jedoch nur schwer weglassen. Auf die Bedeutung der Klostergemeinschaft sollte nicht zu ausführlich eingegangen werden.
Materialien:
Tonbilddokumentation
geeigneter Raum
Arbeitsblatt 9 |

Stundenbeschreibungen

I. A DAS HEILIGE LAND

1. Stunde:
Wir reisen in die Heimat Jesu

A Methodisch-didaktische Vorbemerkungen

Die erste Stunde hat eine wichtige Funktion als Einstiegsstunde in den ersten Teil des Unterrichtsentwurfs zum Thema: das Land, das Leben und die Menschen im Heiligen Land. Sie schlägt eine Brücke von dem heutigen Israel hin zum Leben damals zur Zeit Jesu.

Die guten Erfahrungen, mit dieser Einheit den Religionsunterricht in der Klasse 5 zu beginnen, mögen auch die Kollegen dazu anregen, ebenso zu verfahren. Die Schüler sind voll von Erwartungen und Spannung, wie der neue Lehrer und der Unterricht in der neuen Schule sein werden, zudem sind die meisten von ihnen noch erfüllt von Erlebnissen und Erfahrungen ihrer Reisen und Unternehmungen in den Sommerferien.

Deshalb sollen die Gedanken zum Planen und Ausführen einer Reise und die Erwartungen, die man daran hat, im Mittelpunkt der Stunde stehen. Ein großer Vorteil dieses Einstiegs ist es, daß zu einem solchen Thema eigentlich jeder Schüler mitreden und mitdenken kann. Man sollte darauf achten, daß möglichst viele von ihnen zu Wort kommen.

B Ziele der Stunde

Am Ende dieser 1. Stunde sollen die Schüler
– bedacht und formuliert haben, was zur Planung einer Reise wichtig ist,
– sich damit vertraut gemacht haben, was man für eine Reise mit dem Ziel „Heiliges Land" bedenken und wissen muß,
– zum Schluß ein Lied aus „ihrem" Reiseland, dem Heiligen Land, kennengelernt haben.

C Stundenverlauf

Die **Phase 1** knüpft an Reiseerfahrungen und -erlebnisse der Schüler an. Zunächst soll berichtet, erzählt und gefragt werden. Im 2. Teil werden dann die Fragen zum Thema: „Das möchte ich wissen, wenn ich mich auf eine Reise vorbereite" von den Schülern so formuliert, daß sie vom Lehrer an die Tafel und später ins Heft abgeschrieben werden können. Wichtig ist es, soweit wie möglich die Formulierungen der Schüler aufzunehmen.

Zu beachten ist, daß die rechte Spalte an der Tafel frei bleibt, damit dort die Ergebnisse von Phase 2 eingetragen werden können.

Die **Phase 2** geht mit dem Gedanken einer Einladung nach Israel einen konkreten

Schritt weiter. Nun soll das Reiseziel „Heiliges Land" direkt angesprochen und bedacht werden.

Wichtig ist es, die Motivation gerade für diese Reise herauszuarbeiten. Das Land, in dem Jesus und die Menschen des Alten Testaments lebten, sollte jedem Christen vertraut sein, und seine wichtigsten Daten und Fakten sollte er kennen.

Bei den Fakten wird der Lehrer sicherlich viel helfen und klären müssen. Nur vereinzelt werden Schüler schon im Heiligen Land gewesen sein und etwas über das Leben, die Sprache und über Land und Leute wissen.

Die **Phase 3** greift mit einem Lied aus Israel unter Umständen etwas Bekanntes aus dem Religionsunterricht der Grundschule auf. Schüler dieser Altersstufe singen und lernen noch gerne auswendig, es wird ihnen Freude machen, dieses Lied auch in Hebräisch zu singen und zu lernen. So werden sie hineingenommen in die Fremdartigkeit einer ihnen unbekannten Sprache.

Der Kollege sollte das Lied heraussuchen, das ihm als das singbarste erscheint oder das schon bekannt ist. Es wäre gut, es zunächst in hebräischer Sprache zu singen und erst danach in der deutschen Übersetzung.

Der Aufforderung, das Lied zu lernen und für die nächste Stunde geeignete Musikinstrumente mitzubringen, werden die Schüler sicherlich gerne nachkommen.

D Fakten zum Land Israel

Israel, im Vorderen Orient gelegen, ist von Deutschland etwa 3000 km, ca. 4 Flugstunden entfernt.

Am 14. Mai 1948 wurde der Staat Israel ausgerufen als, wie es der Wiener Journalist Theodor Herzl schon 1896 gefordert hatte, „Heimstatt für das jüdische Volk". Jude ist, wer von einer jüdischen Mutter geboren wurde.

Die Vollversammlung der Vereinten Nationen hatte bereits 1947 die Teilung Palästinas in einen jüdischen und einen arabischen Teil beschlossen. Die Greueltaten an den Juden im Dritten Reich hatten der Gründung eines Staates, in dem Menschen jüdischen Glaubens sicher leben können, eine neue Dringlichkeit gegeben.

Als offizielle Amtssprache des neuen Staates gilt das Neuhebräisch, auch Iwrit genannt, eine Neubelebung und Neubildung der Sprache des talmudischen Hebräisch, einer Sprache, die 2000 Jahre lang als Nationalsprache erloschen war und fast nur in den heiligen Texten und Gebeten fortlebte. Noch heute wird der Wortschatz durch die „Akademie der Hebräischen Sprache" ständig ergänzt.

Die Küstenebene hat warme bis schwülwarme Sommer und milde, aber feuchte Winter. Die Gebirgszonen (einschließlich Jerusalem) haben warme, trockene Sommer und kalte, regnerische Winter. Gelegentlich kann in den höheren Lagen Schnee fallen. Die Wüstengebiete und das Jordantal haben sehr heiße Sommer (in den Nächten kann es jedoch sehr kalt werden) und milde, fast regenfreie Winter. Die Regenzeit beginnt Ende Oktober und endet im April.

Das Einwanderungsland Israel hatte bei seiner Staatsgründung 1948 etwa 650000 Einwohner, im Jahr 1990 sind es um die 3,5 Millionen, wobei die über 1 Million russischer Juden, die teils schon eingewandert sind, teils noch erwartet werden, nicht mitgezählt wurden.

Landeswährung ist der Israelische Schekel, wobei der US-Dollar wegen seines stabilen Kurses ein sehr geschätztes Zahlungsmittel ist und häufig dem instabilen, schwankenden Schekel vorgezogen wird.

Als Sprachgebrauch wird die Bezeichnung

„Heiliges Land" gewählt. Damit soll deutlich werden, daß es sich nicht nur um den Staat Israel, sondern auch um die 1967 von Israel „Besetzten Gebiete", die Westbank, handelt. Beide Teile des „Heiligen Landes" sind Ziel unserer „Reise".

2. Stunde:
Wir fliegen von Deutschland nach Israel

A Methodisch-didaktische Vorbemerkungen

Es geht in der 2. Stunde darum, daß die Schüler einen Teil des Staates Israel näher kennenlernen: Die Küstenebene am Mittelmeer in der Gegend des Flughafens, die Schefala (das Flachland), das judäische Bergland und die Gegend um Jerusalem mit seinem waldigen Aufstieg (auf etwa 800 Meter). In einem zweiten Teil „wandert" die Klasse durch die Altstadt von Ost-Jerusalem und macht sich mit den Hauptstätten, mit dem Tempelberg und dem Felsendom und der Al-Aqsa-Moschee, der Westmauer und der Grabeskirche vertraut. Als letztes wird ein erstes Kennenlernen mit der Landkarte des Heiligen Landes stattfinden, auf der einige wichtige Orte und geographische Punkte festgehalten werden.
Vor allem aber soll diese Stunde eine Erzähl- und Gesprächsstunde sein, in der einiges über einen Teil des Landes zu erfahren ist.

B Ziele der Stunde

Die Schüler sollen
– vertraut werden mit einem Teil von Israel, der Gegend von Tel Aviv bis Jerusalem,
– die Hauptstätten der Altstadt von Ost-Jerusalem kennenlernen,
– eine Landkarte des Heiligen Landes mit den entsprechenden geographischen Fakten ausfüllen und „lesen" können.

C Stundenverlauf

Die **Phase 1** nimmt die Schüler hinein in die konkrete Vorstellung und Planung einer Flugreise von Deutschland über die Alpen und das Mittelmeer bis zum Flughafen Ben Gurion. Danach soll die Busfahrt vom Flughafen nach Jerusalem (etwa 65 km) bedacht werden. Der Gesprächsvorschlag (Mat. A) (siehe S. 22) „Die Reise nach Jerusalem" ist so angelegt, daß sich die Schüler am Erzählvorgang beteiligen können. Der Lehrer kann den Vorschlag direkt übernehmen, ihn abändern, die Fragen anders stellen oder selber frei erzählen.

Zu den Fragen der Erzählung muß der Kollege folgendes wissen:
– Der angenehmste und kürzeste Reiseweg nach Israel ist der mit dem Flugzeug. Von deutschen Flughäfen gelangt man nach etwa 4 Stunden Flugdauer dorthin.
– Zu Wetter, Sprache und Währung siehe 1. Stunde.
– Das Flugzeug muß in südlicher Richtung nach Israel fliegen.
– Hauptflughafen Israels ist der Ben-Gurion-Flughafen, etwa 10 km von Tel Aviv (Frühlingshügel) entfernt im Landesinneren bei Lod.
– Vermutlich wird es bei der Ankunft wesentlich wärmer sein als beim Abflug in Deutschland.
– Die Menschen, die in Israel leben, sind ein buntes Völkergemisch aus aller Herren Länder: Man wird unter Umständen schon auf dem Flughafen

einem westlich orientierten und gebildeten Juden *und* einem orientalisch gekleideten Beduinen begegnen, der weder lesen noch schreiben kann, einem orthodoxen Juden in seinen schwarzen Kleidern *und* einem Palästinenser mit seinem Kefije (Tuch).

Das Gespräch sollte in **Phase 2** durch den 2. Teil des Gesprächsvorschlags weitergeführt werden. Es ist daran gedacht, mit den Schülern einen Gang durch die Altstadt mit seiner etwa 4 km langen und 12 Meter hohen Stadtmauer aus der Zeit Suleymans II. des Prächtigen zu machen, die von 1532 bis 1539 in ihrer noch heute feststellbaren Schönheit und Pracht gebaut wurde.

Zu den Fragen sei folgendes anzumerken:
– Der (2.) Tempel des Herodes auf dem Tempelplatz wurde im Jahr 70 n.Chr. von den Römern nach einem Aufstand der Juden zerstört und nie wieder aufgebaut. Erhalten blieb nur die 18 m hohe „Westmauer" (gegen die Bezeichnung „Klagemauer" verwehren sich die Israelis, da nur einmal, am tischa-beaw, dem Tag, an dem an die Zerstörung des Tempels gedacht wird, von einem „Klagen" gesprochen werden könnte!), die seit dem 6-Tage-Krieg 1967 wieder allen Juden zugänglich ist. Die Westmauer ist heute das größte Heiligtum der Juden.
– Seit dem 7. Jahrhundert (687–691) steht auf dem ehemaligen Tempelplatz der Felsendom, nach Mekka und Medina das drittwichtigste Heiligtum des Islam. Er ist einer der schönsten Kuppelbauten der Welt, weithin sichtbar mit seiner vergoldeten Kuppel und seinen Fayence-Kacheln – hauptsächlich in Blau, Grün und Weiß.
– Außerdem stehen auf dem Tempelplatz die Al-Aqsa-Moschee mit ihrer versilberten Kuppel (bereits im Jahr 715 von einem Kalifen in großartiger Bauweise errichtet, aber immer wieder von Erdbeben zerstört) und verschiedene kleine Gebäude und Minarette. (Vergleiche dazu auch die kleine Skizze [Mat. 2], die man an dieser Stelle mit den Schülern besprechen kann.)
– Als wichtigste und größte Kirche im Bereich der Altstadt ist die Grabeskirche zu nennen. Sie stammt aus der Zeit Konstantins des Großen im 4. Jahrhundert, wurde häufig zerstört, der letzte Bau geht auf die Kreuzfahrerzeit (1149) zurück.
Um die Grabeskirche, die auch nach der Meinung der meisten Archäologen der Ort von Kreuzigung und Grablegung Jesu ist, ist durch die Jahrhunderte hindurch gestritten worden hinsichtlich der Räume, Rechte und Kompetenzen. Heute ist sie im Besitz der Griechisch-Orthodoxen, der Armenier und Lateiner; die Kopten, Syrer und Äthiopier besitzen lediglich einige Kapellen, bzw. Bereiche. „Schlüsselgewalt" über die Kirche haben seit 1244 zwei Jerusalemer Moslemfamilien.
– Ein Basar – auch suq genannt – ist eine enge, orientalische Einkaufsstraße, in der die Händler auch heute noch nach Berufsständen geordnet ihre Waren verkaufen.
– Bethlehem mit der Geburtskirche – eine Basilika von Konstantin (um 330) und Justinian (um 530) – liegt südlich von Jerusalem etwa 8 km entfernt; das Tote Meer liegt östlich, etwa 50 km entfernt.
– Im Toten Meer kann jeder schwimmen, niemand wird wegen des hohen Salzgehalts untergehen (vgl. 3. Stunde).

Die restlichen Fragen sollen die Phantasie der Schüler anregen und werden im Gespräch beantwortet.

Mat. A

Siegfried Schulz,
Die Reise nach Jerusalem

I. Ich mache euch einen Vorschlag: Wir machen unseren nächsten Schulaus-flug nach Israel, in das Land Jesu. Heute wollen wir planen:
Wie kommen wir wohl am besten nach Israel?
Mit welchem Verkehrsmittel?
Von wo werden wir abfliegen?
Was müssen wir mitnehmen, T-Shirt oder Pullover?
Mit was für Wetter werden wir rechnen müssen?
In welche Himmelsrichtung wird unser Flugzeug fliegen?
Einige wollen schon israelisches Geld eintauschen. Wie heißt die Währung?

Wir werden uns also am Montagmorgen auf dem Flughafen treffen. Jeder hat einen Rucksack oder einen Koffer dabei. Die letzte Umarmung. Einige Muttis müssen weinen. Dann ist es soweit, unsere Maschine startet. Wir werden in die Sessel gedrückt. Später wird uns ein Essen serviert. Es ist gar nicht einfach, auf so engem Raum zu essen. Wer hat da gekleckert? Nach vier Stunden Flugzeit heißt es anschnallen. Wir landen:
Wo werden wir wohl landen?
Wie erleben wir die Luft, wenn wir aussteigen?
Welche Sprache sprechen Paß- und Zollbeamte?
Was fällt uns an den Einheimischen auf, die wir auf dem Flughafengelände sehen?

II. Unser Bus bringt uns nach Jerusalem, der alten Hauptstadt des Landes. Im Jugendhotel sind unsere Zimmer reserviert. Nach der Zimmerverteilung hat jeder eine Stunde Zeit, um sich einzurichten, zu duschen und umzuziehen. Dann treffen wir uns in der Hotelhalle zum ersten Gang durch die Altstadt:
Wohin sollen wir gehen?
Wo werden wir unsere ersten Postkarten kaufen?
Steht der Tempel noch?
Wie heißt das Gebäude, das jetzt auf dem Tempelplatz steht?
Wie heißt die Mauer, an der die Juden beten?
Welche Kirche sollen wir besuchen?

III. Am Abend dieses Tages sitzen wir nach dem Abendessen beisammen. Wir sprechen über den nächsten Tag. Ein Bus ist bereitgestellt:
Wohin sollen wir fahren?
Was wollen wir uns anschauen?
Wie weit ist Bethlehem, der Geburtsort Jesu, von Jerusalem entfernt?
Können wir im Toten Meer baden?
Wie weit ist es wohl dorthin?
Was wollen wir in den nächsten Tagen noch alles unternehmen?

In **Phase 3** geht es darum, die Schüler in den Gebrauch einer Landkarte einzuführen. Der Lehrer wird bei einem einführenden Gespräch erkennen, was er voraussetzen, was er seinen Schülern zumuten kann und wieweit er sie noch führen muß. Unter Umständen wird die Landkarte an die Tafel gezeichnet und mit den notwendigen Fakten versehen und später von den Schülern in die Hefte übertragen werden.

Es ist auch vorstellbar, die Landkarte (Mat. 3) nur zu besprechen und sie als Hausaufgabe in die Hefte abzeichnen zu lassen.

Hinweis:

Der Kollege könnte eine Straßenkarte oder Landkarte vom Heiligen Land mitbringen und im Klassenzimmer aufhängen. (Es gibt keine Landkarte, auf der die Abgrenzung zwischen dem Staat Israel und den besetzten Gebieten zu erkennen ist!) Es wäre auch denkbar, Schüler zu beauftragen, aus Reisebüros Informationsmaterial oder Plakate von Israel und Jerusalem zu besorgen.

3. Stunde:
Von Jerusalem zum Toten Meer

A Methodisch-didaktische Vorbemerkungen

In dieser Stunde geht es um die Vertiefung der geographischen Kenntnisse der Schüler anhand einer Landkarte vom Heiligen Land. Als nächstes sollen sie die Besonderheiten des Toten Meeres kennenlernen und einen Querschnitt durch das Land vom Mittelmeer hinüber in das jordanische Gebiet „lesen" und verstehen können.

Die Informationen über das Klima bilden den Abschluß dieser Stunde, eingeleitet durch die Frage nach der Kleidung, die man auf eine Reise nach Israel mitnehmen muß.

B Ziele

Die Schüler sollen am Schluß dieser Stunde wissen,
– was die Besonderheiten des Toten Meeres sind,
– wie ein Querschnitt durch das Land in der Höhe von Jerusalem aussieht und wie er zu verstehen ist,
– wie das Klima im Heiligen Land ist.

C Stundenverlauf

Die **Phase 1** wiederholt anhand einer Landkarte die geographischen Fakten, die den Schülern bereits bekannt sind.

Das Gespräch über die Bademöglichkeiten in Israel – außer im Mittelmeer, dem Roten Meer in Eilat, dem See Genezareth und an einigen kleineren Stellen nur noch in den Swimmingpools der Hotels – leitet die **Phase 2** ein.

Zum Toten Meer (hebräisch „Salzmeer") sollte folgendes erklärt werden:
– Das Tote Meer liegt 396 m unter dem Niveau des Mittelmeeres und ist der tiefste jedem zugängliche „Punkt" der Erde.
– Bei über 30% Salzgehalt – siebenmal konzentrierter als das Wasser der Ozeane – fühlt sich das Wasser an wie eine ölige Lake und ist schmerzhaft für Augen, Schleimhäute und Verletzungen, aber heilsam bei bestimmten Hauterkrankungen. Es läßt jedes organische Leben ersterben.

– Das Tal des Toten Meeres ist etwa
80 km lang mit einer maximalen Breite
von 18 km und 400 m Tiefe im Nord-
becken.
– Die starke Verdunstung und die stei-
gende Entnahme von Jordanwasser für
die Bewässerung lassen den Spiegel von
Jahr zu Jahr deutlich erkennbar sinken.
– Die Umgebung des Toten Meeres ist
die sauerstoffreichste Gegend der Erde;
die durchschnittlichen Temperaturen
sinken im Winter selten unter 10 Grad
und erreichen im Sommer 45 Grad und
mehr.
– Das Meer ist reich an seltenen Minera-
lien, am südlichen Ende befinden sich
die Dead Sea Works. Man gewinnt dort
seltene, wichtige Rohstoffe.
– Schon Josephus berichtete über den
„Asphaltsee" (Jüdischer Krieg IV, 8,4):
„Er enthält zwar bitteres Wasser,
dem keine lebensfördernde Kraft inne-
wohnt, aber, da es leichttragend ist, läßt
es auch die schwersten Dinge, die man
hineinwirft, wieder nach oben gelan-
gen, man kann selbst dann kaum unter-
tauchen, wenn man sich alle Mühe
gibt."

Der Querschnitt führt noch einmal in etwa die Route entlang, die bei der Fahrt
vom Flughafen nach Jerusalem in der
2. Stunde vorgestellt wurde. Die Schüler
sollen die hohe Lage Jerusalems (der Öl-
berg ist 809 m hoch) und den damit verbundenen stetigen Anstieg bei der Fahrt
vom Mittelmeer her erkennen. Durch die
hohe Lage ist selbst im Sommer das Klima
in Jerusalem erträglich. Danach werden
Höhenunterschiede von rund 1200 m bei
50 km Fahrt auf einer heute gut ausgebau-
ten Straße zurückgelegt, bis das Nordufer
des Toten Meeres erreicht ist. Am gegen-
überliegenden Ufer kann man bei guter
Sicht den Berg Nebo erkennen, jenen
Berg, von dem aus Mose nach Deutero-

nomium 34 das gelobte Land hat sehen
dürfen.

Das Gespräch und die Information über
das Klima beschließen in der **Phase 3** diese Stunde.
Zum Klima (vergleiche auch die Verlaufsbeschreibung der 1. Stunde, Teil D) sei
noch zu ergänzen:
– Zwei scharf getrennte Jahreszeiten bestimmen das Klima und damit das
Wachsen und Gedeihen im Land: Die
Regenzeit beginnt Ende Oktober und
endet im April. Auf die Regenperiode
folgt eine üppige Vegetation bis hinein
in die dann blühende Wüste (Januar bis
März). Die Trockenzeit im Sommer hat
etwa 98% Sonnentage.
– Für die Feldbestellung und die Ernte
sind der rechtzeitige Beginn, die gleich-
mäßige Verteilung und die ausreichen-
de Dauer der Regenfälle noch wichtiger
als die Gesamtmenge der jährlichen
Niederschläge.
– Es gibt keine längeren Perioden, in
denen es ununterbrochen regnet. Stun-
denweise bis 2–3 Tage dauernde Regen
wechseln sich ab mit Sonnenschein und
Wärme.
– Die Spätregen am Ende der Winterzeit
sind für eine gute Ernte von großer Bedeutung.
– Die Ernte beginnt mit der Gerste etwa
Ende April und erstreckt sich über zwei
Monate, wobei der Weizen zuletzt
geerntet wird.
– Anfang April 1990 schneite es in Jerusalem und im höher gelegenen Gebirge
für einige Stunden am Morgen. Der
Schnee war aber kurz darauf schon wieder weggetaut und in Regen übergegan-
gen.

Als **Hausaufgabe** sollen die Schüler sich
die in die Hefte übernommenen Informationen einprägen.

4. Stunde:
Wem gehört das Land?

A Methodisch-didaktische Vorbemerkungen

Die Schüler sollen in der 4. Stunde verstehen lernen, daß die Israeliten ihr Land nicht als Besitz verstanden, über das sie frei verfügen konnten, sondern als Aufgabe und Leihgabe. Das „Rätsel" soll deutlich machen, daß das, was ein Mensch besitzt, ihm nur verliehen ist für eine beschränkte Zeit. Land kann man nach der Meinung der Bibel nie besitzen, es ist dem Menschen von Gott anvertraut, damit er damit sorgfältig und verantwortlich umgeht. Dieses Verständnis von Besitz schlägt einen weiten Bogen hinein in unser Verhältnis zu Land, Boden, Umwelt u. a. Die Schüler sind für eine solche Fragestellung offen und hellhörig. Sie haben durchaus schon in diesem Alter eine eigene Meinung zu diesem Problembereich.
Die Dias und die Erzählung runden diese erste Einheit ab und vertiefen die Kenntnis der Schüler vom Heiligen Land.
Vermutlich wird diese Phase eine eigene Unterrichtsstunde ausfüllen.

B Ziele der Stunde

Die Schüler sollen erkennen, daß
- Luft, Meere, Flüsse und Land kein „Besitz" einzelner Menschen sein können, sondern allen Menschen anvertraut sind,
- auch das Haus einem Menschen während seiner Lebenszeit zur Verfügung steht, aber danach von der nachfolgenden Generation bewohnt wird,
- Israel sein Land als Lehen und Gabe verstand, da der eigentliche Besitzer Gott selber ist,

- sich die Israeliten verantwortlich fühlen für ihr Land,
- auch für uns heute ein solches Verhältnis zum Land und zu unserer Umwelt von großer Bedeutung ist,
- das Heilige Land vielfältig, unterschiedlich, bunt und interessant ist.

C Stundenverlauf

Die Frage nach dem „Besitzer" von Luft, Meeren, Flüssen und Land soll die Schüler in **Phase 1** zum Nachdenken über die Besitzfrage führen.
Sehr bald werden sie verstehen, daß man kaum von einem eigentlichen Besitzer sprechen kann. Vor allem Luft, Meere und Flüsse werden sie schnell als allen Menschen oder keinem gehörend nennen.
Die Frage nach dem Landbesitz führt weiter zur Frage nach dem Besitz eines Hauses und der Dauer eines solchen Besitzes.

Die Deutung des „Rätsels" (siehe Beilagen), die nicht zu ausführlich sein sollte, leitet zur eigentlichen Frage über, dem Verhältnis Israels zu seinem Land in **Phase 2.** Von einer „Bibelarbeit" kann hier noch nicht gesprochen werden, es geht um Auslegung von 3. Mose 25/23 und den Vers 1, der die Situation beschreibt, in der diese Aussage gemacht wurde.
Dieser Satz über das Land ist eingebettet in die Rede des Mose auf dem Sinai, in der es um das Sabbatjahr (alle 7 Jahre soll das Land einen „Sabbat" feiern, d. h. nicht bearbeitet werden) geht und um das Halljahr (jeweils im 50. Jahr soll ein Jahr der Befreiung von Schulden und Knechtschaft gefeiert und vollzogen werden).
Vers 23 regelt den Umgang Israels mit seinem Grund und Boden. Er darf nicht veräußert werden, da nicht Israel der Eigner, sondern Gott allein der Besitzer ist.

Mose beschreibt die Situation der Israeliten mit den Begriffen „Fremdlinge" und „Beisassen". „Fremdlinge" sind jene Nichtisraeliten, die sich unter den Schutz der Gemeinschaft Israel gestellt haben, die Sitten des Gottesvolkes einhielten und deshalb besondere Rechte genossen, wie z.B. daß man ihnen nach Deuteronomium 10/18 u. 19 gegenüber barmherzig war.

Mit „Beisassen" sind vermutlich die Einwohner des Landes gemeint, die vor dem Volk Israel bereits dort wohnten. Sie lebten dort, ohne das Bürgerrecht zu haben.

An eine Ergebnisfixierung schließt sich ein kurzes Abschlußgespräch über das Verhältnis zu Umwelt, Natur, Tieren u.a. an. Die Schüler werden schnell erkennen, daß das, was für Israel galt, genauso für die heutige Zeit gilt: Alles, was wir mit Luft, Land, Natur machen, müssen wir vor Gott verantworten.

Der Diavortrag und die Erzählung in **Phase 3** beenden diese erste Einheit. Durch den Erzählvorschlag „Jehudas Lehre" (Mat. 5) wird das Mitdenken und Mitarbeiten der Schüler angeregt. Sie werden den Stoff der ersten Stunden wiederholen, ohne es als ein Abfragen verstehen zu müssen.

Unter Umständen bietet sich für diese Phase eine eigene Unterrichtsstunde an.

Die Dias, entweder aus dem eigenen Besitz des Lehrers oder ausgeliehen von entsprechenden Medienstellen oder eventuell sogar von Eltern, die das Heilige Land schon besucht haben und die vielleicht bereit sind, selber zu berichten, sollen den Schülern eine konkrete Vorstellung davon geben, wie das Land aussieht und wie und wo die Menschen dort leben.

Die Schüler, die das „Rätsel" noch nicht beim Gespräch oder beim Abschreiben gelernt haben, sollten dieses zu Hause nachholen.

Der Erzählvorschlag (Mat. 5) könnte entweder vom Lehrer oder von Schülern vorgelesen werden. Die jeweiligen Fragen sollten sofort beantwortet werden.

Falls im Unterricht nicht genügend Zeit blieb, bietet sich die Erzählung als **Hausaufgabe** an.

**Mat. 5 – Lösung
(für die Hand des Lehrers):**

Jordan – See Genezareth – Ebene Jesreel – Samaria – Jerusalem – Tempel – Beerscheba – Negev – Ägypten.

5. Stunde:
Vom Korn zum Brot

A Methodisch-didaktische Vorbemerkungen

Ernten, Dreschen, Mahlen von Mehl und Backen von Brot ist heutzutage vielen Schülern nicht mehr bekannt. Der Lehrer wird das Gespräch über den Alltag im Heiligen Land mit Informationen, Anschauungsmaterial und einem Tafelbild vertiefen müssen. Daß die Menschen in den palästinensischen Dörfern auch heute fast noch so leben wie zur Zeit Jesu, sollte den Schülern deutlich gemacht werden.

Für das Backen des Fladenbrots werden sich sicherlich Schüler finden, die dieses zu Hause unter Umständen mit Hilfe der Mutter herstellen und zur nächsten Stunde mitbringen.

Das Tafelbild und die Bildbetrachtung sollen verdeutlichen, die Hausaufgabe das Behandelte vertiefen.

B Ziele der Stunde

Die Schüler sollen vertraut gemacht werden mit den Dingen des alltäglichen Lebens, mit der Ernte des Getreides, dem Dreschen und Mahlen des Korns und dem Backen eines Fladenbrotes. Dabei sollen sie erfahren, daß das Leben der einfachen Menschen in Palästina damals und heute ähnlich abläuft und mühsam ist.

C Stundenverlauf

In **Phase 1** geht es um Informationen über
– die vom Lehrer mitgebrachte Getreideähre – diese muß rechtzeitig besorgt werden! –, die erfahrungsgemäß nicht von allen Schülern benannt werden kann,
– das Gewinnen des Korns aus der Ähre, die Tenne, das Dreschen und die Art und Weise, wie in Israel geerntet wurde,
– das Aufbewahren des gewonnenen Korns.

Während des Informationsgesprächs entsteht an der Tafel das Tafelbild. Dazu sollte der Kollege wissen:
– Die Ernte beginnt in Israel mit der Gerste (etwa Anfang April), die Weizenernte folgt 14 Tage später.
– Das Getreide steht in der Regel sehr hoch. Die Erntearbeiter schneiden mit ihren kleinen Metallsicheln, die einen Holzgriff haben, nur die Ähren wie Sträuße ab. Dazu brauchen sie sich kaum zu bücken.
– Das Stroh bleibt stehen und wird von den Tieren abgefressen.
– In großen Körben wird die Frucht zum Dreschplatz gebracht, eine Felsplatte oder ein steiniger grasfreier Platz, der durch Stampfen mit den Füßen oder durch Ochsen geebnet wurde. Häufig liegt die sogenannte Tenne auf einem luftigen Hügel in der Nähe der Felder vor dem Dorf.
– Im Heiligen Land kennt man entweder die Dreschtafel (oder Dreschschlitten), die von Ochsen über das Getreide gezo-

27

gen wird oder Ochsen gehen über die ausgebreiteten Ähren.
- Mit einer langen hölzernen Gabel oder einer Worfschaufel wird das Gedroschene hochgeworfen. So wird die Spreu, die leichter ist, vom Korn getrennt und vom Wind beiseite geweht.
- Das grob Gehäckselte wird als Viehstreu verwendet, als Heizmaterial oder für den Hausbau.
- Die Spreu dient als Viehfutter.
- Die Körner werden durch Sieben gereinigt und in Tonkrügen aufbewahrt.

In **Phase 2** geht es um Informationen über das Mahlen vom Korn zu Mehl und das Backen eines Fladenbrotes.
Das Mahlen ist Aufgabe der Frauen und Mädchen, die dazu die Handmühle benutzen. Die Mühle besteht aus einem festen Unterstein vor allem aus Basaltgestein und einem drehbaren Oberstein. Sie hat etwa einen Durchmesser von 40 cm. Am Rand befindet sich für das Drehen ein Handgriff, in der Mitte eine Öffnung für die Körner, die zwischen Ober- und Unterstein zerrieben werden. Das gewonnene Mehl fällt nach allen Seiten um die Handmühle und wird mit einem Tuch aufgefangen (vergleiche dazu Mat. 6).
Das Rezept des Fladenbrotes (Mat. 7) stammt von einer Palästinenserin und wird heute noch genauso hergestellt wie zur Zeit Jesu.
Während des Gesprächs könnte der Kollege die steinerne Handmühle an die Tafel malen.

6. Stunde:
Wohnen in Palästina

A Methodisch-didaktische Vorbemerkungen

Die Erzählung vom „bittenden Gastgeber" nach Lukas 11 soll zu einem Gespräch über das Wohnen in Palästina führen.
Über die Informationen über das Einraumhaus hinaus soll das Besprochene durch die Darstellung des Hauses als Tafelbild oder als Abbild (im Materialheft oder vom Lehrer hergestellt) vertieft und eventuell auch abgemalt werden. Der Rückbezug auf Lukas 11 soll deutlich machen, daß der Hausherr durch die Aufteilung des Hauses so ungern aufstand und daß sein Freund so beharrlich klopfen mußte.
Die Hausaufgabe dient als Wiederholung des Gelernten.

B Ziele der Stunde

Die Schüler sollen angeregt durch die Erzählung von Lukas 11 erfahren,
- wie ein Einraumhaus gebaut und eingerichtet ist,
- wo Menschen und Vieh lebten und wo die Vorräte aufbewahrt waren,
- daß Jesus vermutlich in einem solchen Haus geboren und dort von seiner Mutter in die Futterkrippe gelegt wurde.

C Stundenverlauf

Phase 1: Das Essen des Fladenbrotes soll diese 6. Stunde einleiten. Eine eigene Nacherzählung von Lukas 11/5—8 oder das Vorlesen des Erzählvorschlags (Mat. B) (siehe S. 30) „Der bittende Gastgeber" führt hin zu einem Gespräch über das Leben und Wohnen zur Zeit Jesu in einem Dorf oder einer Kleinstadt.

Die Schüler müssen bei der Erzählung erkennen, daß es hier um drei verschiedene Figuren geht: Den Gast, der unerwartet zu Besuch kommt, den Gastfreund, der am Abend kein Brot mehr im Haus hat und den Nachbarn, der erst nach langem Klopfen die Tür öffnet, um nicht seine gesamte Familie durch sein Aufstehen zu wecken.

Die Fragen, die sich an das Erzählen oder Vorlesen anschließen, leiten über zu **Phase 2,** die die Schüler mit dem Wohnen in einem Einraumhaus bekannt machen. Das Gespräch, die Informationen, die Bildbetrachtungen des Hauses (Mat. 8) und der Öllampe (entweder mitgebracht oder als Abbildung [Mat. 9]) sowie das Abmalen (fakultativ als Hausarbeit) geben den Schülern die notwendigen Informationen.

Der 3. Teil dieser Phase greift noch einmal die Anfangserzählung Lukas 11 auf. Hier soll den Schülern klargemacht werden, daß Jesus eine Geschichte aus dem Alltag und dem täglichen Erleben seiner Zuhörer erzählt hat. Die Frage nach der „Krippe" gibt weitere Informationen.

Ein Hinweis und Vorschlag für den Kollegen sei angefügt:
Unter dem Thema „Wie die Menschen des Neuen Testaments wohnten und lebten" gibt es einen Möckmühler Arbeitsbogen Nr. 17 (Aue-Verlag, 7108 Möckmühl und Stuttgart, ISBN 3-87029-020-X) „das Palästinahaus", einen Bastelbogen zum Bemalen, Ausschneiden und Zusammenkleben. Dieser Bogen müßte vom Kollegen rechtzeitig besorgt werden. Das fertiggestellte „Palästinahaus" läßt das Wohnen in einem solchen Haus anschaulich und plastisch werden.

Die Zahlen in der Abbildung des Einraumhauses (Mat. 8) bedeuten folgendes:
1. Feuerstelle
2. Öllampe
3. Tonkrug
4. Vorratsnische
5. Getreidemühle
6. Futtertrog/Krippe
7. Schlafmatten
8. Raum für das Vieh

Interessierte Schüler könnten zu Hause das Einraumhaus in ihre Hefte abzeichnen.

D Informationen zum Wohnen in Palästina

Die jüdische Familie lebte zur Zeit Jesu entweder in einer Wohnhöhle, die in den Felsen gehauen war, oder in einem kleinen Haus, das meist nur aus einem einzigen, fensterlosen Raum bestand (vergleiche Lk 15/8). Meist konnte nur die Haustür und der Vorratsraum im erhöhten Teil abgeschlossen werden (vergleiche Mt 6/6).

Das Fundament des Hauses bestand aus Feldsteinen, aus Kalkstein oder Basalt. Auf den Steinsockel wurde eine Mauer aus ungebrannten, luftgetrockneten Lehmziegeln errichtet; diese Ziegel galten als minderwertiges Baumaterial. Als Bauholz für das Dach verwendete man das Holz des Maulbeerfeigenbaumes. Die Unregelmäßigkeiten des Holzes wurden mit Reisig ausgeglichen, über das eine Lehmschicht kam. Nach dem Winterregen mußte das Dach regelmäßig ausgebessert werden. In vielen Häusern blieb über den Sommer eine Öffnung im Dach, damit die Vorräte, die dort aufbewahrt und bearbeitet wurden, in das Haus geholt werden konnten (vergleiche Mk 2/3–4). Wie das Dach bestand auch der Fußboden aus gestampftem Lehm, bisweilen hatte man einen Steinfußboden. Die niedrigen Türen waren aus Holz. Sie sorgten in dem meist fensterlosen Raum für Licht und Luftzufuhr. Die Türen hatten häufig Schlösser aus Holz. Die Häuser wurden meistens in der Nacht verschlossen (vergleiche Lk 11). Die Innenausstattung war sehr einfach, da sich der größte Teil des Lebens vor dem Haus abspielte. Die Familie hatte ihren Wohnbereich auf einem erhöhten Podest im hinteren Teil. Zum Sitzen und Schlafen hatte man häufig nur Matten, die nachts ausgerollt wurden.

In der Küche oder Herdecke auf dem Podest befanden sich die Dinge des täglichen Lebens wie die Handmühle, der Ölkrug, die Mehl- und Wasserkrüge, die Gefäße und Geräte zum Kochen und Essen.

Öllampen dienten zur Beleuchtung in den meist recht dunklen Häusern. Man verwendete Olivenöl, die Dochte waren aus Flachs oder Lumpen. Oft standen die Lampen auf Ständern (vergleiche Mt 5/15).

Im vorderen, tieferen Teil des Hauses war der Aufenthaltsort für das Vieh, also Ziegen, Schafe, Esel und Ochsen. Die Futtertröge befanden sich beim Treppenaufgang, eingehauen in den Fußboden des Podestes. Die Tiere wärmten das Haus und seine Bewohner, den Geruch hat man offensichtlich kaum als Belästigung empfunden.

Auf dem flachen Dach, das durch eine Außentreppe zugänglich war, spielte sich ein Teil des Lebens ab. In den Sommermonaten schlief man oft dort oder verbrachte dort die Zeit der Abendkühle. Häufig befand sich auf dem Flachdach ein darauf gebautes Obergemach, ein zweiter Raum für die Familie, im Sommer als Schlafplatz genutzt.

Der Talmud erwähnt als Größe der Wohnfläche eines kleinen Hauses 3 auf 4 Meter, für ein größeres 4 auf 5 Meter. Die Höhe betrug etwa 3 Meter. Man kann vermuten, daß die heutigen palästinensischen Häuser in den Dörfern noch so ähnlich gebaut und benutzt werden wie die Häuser zur Zeit Jesu.

Die **Hausaufgabe** (Arbeitsblatt 1) dient als Ergänzung und Vertiefung des in dieser Stunde Erarbeiteten.

Arbeitsblatt 1 – Lösung (für die Hand des Lehrers):

Sichel, Gedroschen, Worfschaufel, Dreschschlitten, Tenne, Korn, Spreu, Scheune, Vorratskrüge, Ton, Getreidemühle, Brot, Steinen, Pfannkuchen, gegessen, Vieh, Einraumhaus, Lehm, Krippe, Boden, Vieh

---

Mat. B

Siegfried Schulz, Der bittende Gastgeber

Er hatte sich verrechnet, einfach verrechnet. Vielleicht hatte er auch die Entfernung bis zu diesem Dorf nicht mehr richtig im Kopf, oder er war alt geworden, und die Wegstrecke ließ sich nicht mehr so rasch bewältigen wie früher. Im Grunde war das jetzt auch gleichgültig. Die Dämmerung war hereingebrochen, und nun war es dunkel geworden. Bald würde der Mond aufgehen. Als er wenig später die letzte Kuppe erklommen hatte, sah er das Dorf im Mondlicht daliegen. Alle Bewohner schienen zu schlafen. Nur die halbwilden Hunde, die zu jedem Dorf gehörten, schlugen an, kläfften nun, da er in die erste Gasse eintrat, kräftig, bellten drohend. Er ließ sich nicht davon beeindrucken. Schließlich war er in einem ähnlichen Dorf aufgewachsen, wohnte und arbeitete in einem ähnlichen Dorf, war zu einem ähnlichen Dorf unterwegs, das er aber erst morgen oder übermorgen erreichen würde.

Er ging von Tür zu Tür. Er hatte sich beim letzten Abschied von seinem Gastgeber das Haus, die Tür, den Riegel eingeprägt. Da war es. Der Wanderer wartete einen kurzen Augenblick, als wollte er den Schlafenden im Haus noch einen Augenblick der Ruhe gönnen, dann klopfte er. Er mußte ein zweites Mal klopfen, bis im Inneren eine gewisse Unruhe anzeigte, daß sein Klopfen gehört wurde. Er nannte seinen Namen. Von innen wurde der Riegel zurückgeschoben. Sein Gastgeber schloß ihn in die Arme.

Im Inneren des Hauses wurde auf der erhöhten Schlaffläche ein kleines Feuer entzündet. Eine Aufgabe der Hausfrau. Der Gastgeber fragte seinen Freund nach Woher und Wohin, nach dem Ergehen von Frau, Kindern und Vieh. Die Kinder im Haus hatten aus verschlafenen Augen den Fremden gemustert, dann hatten sie sich umgedreht, hatten die Felldecken über sich gezogen und waren wieder eingeschlafen. Die Frau wirtschaftete in der Speisekammer. Langsam begann das Wasser zu kochen. Die Frau reichte die Kräuter zum Tee. Aber gleichzeitig verhielt sie einen Moment und flüsterte in das Ohr ihres Mannes: Es gab kein Brot mehr im Haus. Gestern abend noch hatte sie die Kinder aufgefordert, die letzten Reste aufzuessen. Morgen sollte gebacken werden. Wer hätte auch damit rechnen können, daß in dieser Nacht Besuch käme. Aber Brot muß einem Gast angeboten werden. Das verlangten Sitte und Tradition. Das war jeder Gast wert. Ohne Brot standen die Würde der Gastfreundschaft und die Ehre des Hauses auf dem Spiel.

Der Hausherr und Gastgeber erhob sich. Ihm war klar, was er zu tun hatte. Er tat es nicht gerne, aber es mußte getan werden. Er entschuldigte sich kurz bei seinem Freund, dann verließ er das Haus, überquerte die Gasse und klopfte an der Tür des Nachbarn. Er mußte lange klopfen, bis er die Stimme des Nachbarn hörte:

„Was gibt's? Schaff mir keine Unruhe! Wenn ich jetzt aufstehe, um dir Brot aus der Kammer zu holen, sind alle wach, die Frau, die Kinder, das Vieh. Wie komme ich in die Speisekammer, ohne auf die Schlafenden zu treten? Wie kann ich die Haustür öffnen, ohne daß das Vieh unruhig wird? Laß mich in Ruhe! Morgen, morgen werde ich dir's geben."

Aber der Freund war jetzt gekommen, ist jetzt da, nicht erst morgen. Die Gastfreundschaft verlangt ihr Recht. Mein lieber Nachbar, ich komme zu Brot: Entweder hast du Unruhe in deinem Haus, weil du mir Brot herausreichst, oder du hast Unruhe, weil ich an deiner Tür stehe und klopfe, bis es dir zuviel wird. Der Gastgeber bekam sein Brot.

„Genau so", sagt Jesus, „dürft ihr zu jeder Zeit Gott mit euren Gebeten drängen."

7. Stunde:
Wir besuchen eine Beduinenfamilie

A Methodisch-didaktische Vorbemerkungen

Es geht in der 7. Stunde darum, durch einen Film über eine Beduinenfamilie bei Eilat eine Lebensform kennenzulernen, wie sie von Abraham und seinen Söhnen her bekannt ist.

Über einige kurze, einleitende Fragen nach Abraham und seiner Lebensweise geht es zum Anschauen des Films. Daran werden sich einige Fragen anschließen zum besseren Verständnis und zur Nacharbeit.

Eine (mögliche) Ergebnisfixierung und eine Nacharbeit durch die Hausaufgabe schließen diese Einheit über das Leben in Palästina ab.

B Ziele der Stunde

Die Schüler sollen am Schluß der Stunde wissen, daß
– Abraham und seine Nachkommen als Kleinviehnomaden mit Schafen und Ziegen durch die Steppe und Wüste zogen und in Zelten lebten,
– die Beduinen in der Wüste in Israel und im Sinai heute noch ähnlich leben wie Abraham vor über 3000 Jahren,
– das Leben der Beduinen keine romantische Lebensweise ist, sondern hart, beschwerlich und mühsam,
– immer mehr Beduinen zu einer festen Siedlungsweise übergehen.

C Stundenverlauf

Die **Phase 1** dient durch einige Einleitungsfragen zur Vorbereitung des Films „Leben in der Wüste". Die Informationen über Abraham und seine Söhne werden nur mündlich gegeben, damit für den Film und die Nacharbeit genügend Zeit bleibt.

Die Filmvorführung in **Phase 2** beginnt mit einer kurzen Einleitung; alles andere an Informationen wird sich beim Anschauen des Films den Schülern von selbst erschließen.

Die Nacharbeit in **Phase 3** soll auf die offengebliebenen Fragen der Schüler eingehen. Eine Ergebnisfixierung ist an dieser Stelle möglich, aber nicht unbedingt notwendig.

Die **Hausaufgabe** (Rätsel, Arbeitsblatt 2) kann ohne große Vorbesprechung zu Hause geleistet werden.

Arbeitsblatt 2 – Lösung (für die Hand des Lehrers):

1. Kleinviehnomade
2. seßhaft
3. wandernd
4. Schafe
5. Beduine
6. Zelt

Lösungswort: Israel

D Informationen über die Beduinen

Das Wort „Beduine" geht auf das arabische Beiwort „badawi" zurück und meint die Bewohner der Steppe und der Wüste.

Vor etwa 100 Jahren noch waren die Beduinen praktisch die einzigen Bewohner der Negev (Trockenwüste) und der Sinaihalbinsel. Sie genossen weitgehende Unabhängigkeit. Ihre Kultur war damals noch kaum mit der westlichen Zivilisation in Berührung gekommen.

Heute leben in der Negev noch etwa 11000 Beduinen (vor dem 2. Weltkrieg waren es etwa 65000 Menschen). Die Siedlungspolitik Israels und die Kriege seit 1948 haben diesen Rückgang (und die Auswanderung) verursacht. Die letzten 4 Jahrzehnte haben eine rapide Veränderung der Lebensweise der Beduinen gebracht. Ein großer Teil von ihnen wurde halbseßhaft bis seßhaft. Es gibt Beduinenstämme, die durch die Kamelzucht auch heute noch reich und unabhängig sind. Sie stehen in der Rangordnung der Stämme an oberster Stelle. Andere Stämme leben von der Zucht und dem Ertrag der Ziegen und Fettschwanzschafe, wobei viele von ihnen nebenbei noch mehr oder weniger intensiv Landwirtschaft betreiben.

Die Fellachen („Spalter, Pflüger"), von den Beduinen verachtet und in früherer Zeit immer wieder ausgebeutet, leben vor allem in fester Behausung, ziehen aber in den Frühjahrs- und Regenmonaten häufig auch mit ihren Tieren von Weideplatz zu Weideplatz.

Der Übergang zwischen diesen Lebensformen ist heute jedoch fließend. Viele von ihnen verdienen ihren Lebensunterhalt außerhalb der ihnen von den Israelis zugewiesenen Gebiete (Reservationen).

Das Zelt der Beduinen gehört zum Typ des „Schwarzen Zeltes". Sein Dach besteht aus gewebtem schwarzen Ziegenhaar, das sich je nach Temperatur zusammenzieht oder dehnt. Die Rückwand des Zeltes besteht aus zusammengenähten Bahnen von Schafwolle, Kamel- und Ziegenhaaren und weist verschiedene Farbstreifen auf. Die Frauen weben die Tücher für das Zelt selber. Eine sich quer durch das Zelt ziehende mittlere Wand trennt die Männerabteilung von der kleineren Abteilung für die Frauen.

Bei ihrem Weidewechsel lassen die Beduinen die Zelte, die sie, bedingt durch die Jahreszeit, nicht benötigen (es gibt bei reicheren Stämmen Sommer- und Winterzelte), an Bäume aufgehängt an ihren Weideplätzen zurück. Niemand käme auf den Gedanken, diese zurückgelassenen Zelte zu stehlen!

Das Spinnen, Weben und Besticken der äußerst farbenprächtigen Bekleidung und die Verarbeitung der tierischen und landwirtschaftlichen Produkte ist die Aufgabe der Frauen und Mädchen.

Die Frauen der Negev gehen in der Regel nicht verschleiert. Die älteren Frauen tragen jedoch statt eines Tuchschleiers häufig ein Münzgehänge vor dem Gesicht, das Augen und Mund freiläßt. Die goldenen und silbernen Münzen des Gehänges sind ein Teil des Brautpreises. Schmuck gehört zum persönlichen Eigentum der Beduinenfrau und dient als Vorsorge für schlechte Zeiten (z.B nach der Scheidung).

Heute ziehen die Beduinen auf die Märkte der nahegelegenen Städte, um dort für ihren Bedarf einzukaufen. Sie handeln mit ihren Produkten, und die Frauen verkaufen dort auch die bestickten, farbenprächtigen Gewänder, die je nach Stamm verschiedene Muster, Farben und Stoffarten haben.

8./9. Stunde:
Wir lernen Gruppen aus der Zeit Jesu kennen

A Methodisch-didaktische Vorbemerkungen

Es geht in dieser Doppelstunde darum, Menschen und Gruppierungen um Jesus kennenzulernen und die damalige politische Situation zu verstehen.

Die relativ zeitaufwendige Erzählung von U. Wölfel „Isaak und Claudius" gibt einen guten Einblick, wie es damals in Israel aussah und wie man sich das Verhältnis zwischen Römern und Juden vorzustellen hat. Die Geschichte ist nicht nur informativ, sondern auch emotional ansprechend, da es um eine den Schülern vertraute Sache geht, die Freundschaft zwischen zwei Jungen etwa ihres Alters.

Der zweite Hauptteil hat die genauere Kenntnis der einzelnen Gruppen zum Inhalt. Wo es nötig ist, wird der Lehrer erzählen müssen, nachfragen, erklären, eventuell muß auch einiges in der Bibel nachgelesen werden.

B Ziele der Stunde

Die Schüler sollen darüber Bescheid wissen,
– wie es zur Zeit Jesu politisch in Palästina aussah,
– welche Gruppen und Menschen damals eine Rolle spielten,
– was man sich unter den einzelnen Gruppen vorzustellen hat.

C Stundenverlauf

Die beiden Einleitungsfragen in **Phase 1** nach Namen, die Hinweise geben können über eine Volkszugehörigkeit und nach dem Verhältnis zwischen Römern und Juden zur Zeit Jesu, führen direkt zu auf die Erzählung von U. Wölfel „Isaak und Claudius" (Mat. 10). Das Vorlesen dauert etwa 12 Minuten. Die Schüler dieser Altersgruppe werden mit Spannung bis zum Ende zuhören, da die Geschichte von der Freundschaft und dem Ende einer Jungenfreundschaft erzählt, eine Handlung, die auch ihnen sehr vertraut ist und um deren Probleme viele von ihnen sicherlich auch wissen.

An das Vorlesen schließt sich das Nachgespräch an. Der Lehrer wird zum Teil seine Fragen sehr gezielt stellen müssen. Die eigentliche Nacharbeit soll in **Phase 2** mit Hilfe des Arbeitsblatts 3 zu den einzelnen Gruppen geschehen.

Die Informationen zu den einzelnen Fragenkomplexen findet der Kollege in Teil D, eine mögliche Bearbeitung des Arbeitsblattes findet sich auf der Rückseite des Arbeitsblatts 3.

Die Leitfragen zeigen, daß die Beantwortung des Blattes je nach Wissensstand der Schüler zu geschehen hat. Unter Umständen muß der Kollege sehr viel an Informationsarbeit leisten, denn der Kenntnisstand der Schüler ist bisweilen sehr gering. Neben dem Erzählen bietet sich das Nachlesen in der Bibel an, wobei klar sein muß, daß das sehr zeitaufwendig sein kann.

Wichtig wird es sein, die Ergebnisse zunächst an der Tafel zu notieren und beim Übertragen in die Hefte die Schüler zu kontrollieren. Die Nacharbeit zu Beginn der 10. Stunde wird weitere Fragen der Schüler zu den einzelnen Gruppen beantworten und die Informationen unter Umständen ergänzen.

D Informationen

a) Zur politischen Situation

Im Jahr 63 v. Chr. eroberte der römische Feldherr Pompejus Juda und nahm nach dreimonatiger Belagerung die Tempelfestung in Jerusalem ein. Er beendete damit die Herrschaft der Hasmonäer, bzw. der Makkabäer. Syrien und Palästina wurden als Provinz Syrien zusammengefaßt. Juda, Galiläa und das südliche Ostjordanland blieben der Herrschaft der Hohenpriester in Jerusalem religiös unterstellt.

In der Zeit, in der Jesus geboren wurde, starb Herodes der Große im Jahr 4 v. Chr. im Alter von 69 Jahren. Er war ein nichtjüdischer König von „Roms Gnaden", dessen Reich etwa die Größe des alten Davididenreiches hatte. Nach seinem Tod wurde sein Reich unter seine Söhne aufgeteilt.

Augustus − eigentlich Gajus Oktavianus − war römischer Kaiser zur Zeit von Jesu Geburt. Er war ein Großneffe und Adoptivsohn von Julius Caesar. Unter seiner Herrschaft erlangte das römische Weltreich den Höhepunkt seiner Macht. Nach Jahren des Bürgerkriegs herrschte im Inneren und Äußeren Friede. Augustus (der „Erhabene") galt als „Gott" und „Erlöser". Er starb im Jahr 17 n. Chr.

In dem Jahr, als die Römer Jesus zum Tod am Kreuz verurteilten, war Pontius Pilatus römischer Prokurator (26 bis 36 n. Chr.). Er war ein Politiker von äußerster Grausamkeit. Seine Aufgaben waren das Eintreiben von Steuern, bei dem ihm die jüdischen Zöllner halfen, die deshalb beim Volk sehr verachtet und geächtet waren, und das Verhindern von Aufständen, wobei er sich der römischen Soldaten bediente.

Neben den Zöllnern arbeiteten auch einflußreiche Juden aus den Gruppen der Sadduzäer und Priester mit den Römern zusammen.

b) Die Sadduzäer und Pharisäer

Die Sadduzäer entstammten den adligen und reichen Priesterfamilien des Landes. Auch zur Zeit der Römerherrschaft gehörten sie zu der einflußreichsten Schicht. Sie stellten aus ihrer Gruppe den Hohenpriester, der einmal im Jahr das Allerheiligste im Tempel betreten durfte. Er war auch der Vorsitzende im Hohen Rat, dem obersten Gericht der Juden. Im Gegensatz zu den Pharisäern erkannten sie nur die 5 Bücher Mose, die Tora, an und lehnten jede Neuerung ab.

Der Name „Pharisäer" bedeutet die „Abgesonderten". Diese Bezeichnung hängt vermutlich damit zusammen, daß die „Frommen" sich zusammenschlossen, als sich der hellenistische Einfluß auch in Israel bemerkbar machte. Ihre Losung war die strenge Einhaltung der 10 Gebote und der 613 Bestimmungen der Tora (248 Gebote und 365 Verbote) und ihre Abkehr von allen nichtjüdischen Einflüssen.

Im ganzen Land gab es religiöse Vereine und Gemeinschaften mit strengen Satzungen. Sie verwalteten das Gesetz und diskutierten über seine Anwendung im Alltag. Die Pharisäer lehnten die Herrschaft der Römer ab, ohne jedoch politisch aktiv zu werden. Sie wollten durch ihr gottgefälliges Einhalten der Tora ihren Beitrag zum baldigen Kommen des Messias leisten.

Es ist zu beachten, daß „Pharisäer" und „Schriftgelehrte" nicht einfach gleichzusetzen sind. Es gab offensichtlich auch au-

ßerhalb der Gruppe der Pharisäer Schriftgelehrte (die Bezeichnung bei Mk 2/26
weist darauf hin). Die landläufige, negativ
belastete Meinung über die Pharisäer bei
vielen Christen entspricht keineswegs der
Realität. Erst durch die redaktionelle Arbeit der Evangelisten wurden die Pharisäer als „Kunstfiguren" zu den Gegnern
Jesu!
Jesus hatte unter ihnen viele Freunde
(z. B. Lk 13/31) und übernahm viele seiner
Gedanken von ihnen, wenn er sie auch
teilweise umdeutete.

c) Die Zeloten und Sikarier
Überall im Land gab es Gruppen, die sich
zum Ziel gesetzt hatten, die Römer wieder aus dem Land zu vertreiben.
Den Widerstandsgruppen der „Zeloten"
(Eiferer) und ihrer äußerst radikalen
Splittergruppe, den „Sikariern" (Schwert-
träger), schlossen sich viele der verarmten
Bauern und Handwerker an.
Die Zeloten kämpften nicht nur um die
politische Freiheit von den Römern, ihnen ging es auch um die soziale Erneue-
rung des Volkes, um Gerechtigkeit und
Brüderlichkeit. Sie hatten unterschiedli-
che Vorstellungen von der Funktion und
dem Wesen des Messias, der die Freiheit und das Reich Gottes herbeiführen
würde.

d) Die Zöllner
Nähere Informationen befinden sich in
der Verlaufsbeschreibung der 10. Stunde!

e) Die Samariter
Zwischen Juden und Samaritanern (auch
Samariter) herrschte jahrhundertelange
Feindschaft.

Im Jahr 722 v. Chr. wurde das Nordreich
von den Assyrern erobert. Die Ober-
schicht wurde nach Mesopotamien depor-
tiert. Die zurückgebliebenen Israeliten –
die Reste der 10 Nordstämme – wurden
von den Bewohnern des Südreiches als
Heiden und Abtrünnige verachtet. Man
warf ihnen vor, sich gegen die jüdischen
Gesetze mit Nichtjuden vermischt und
heidnische Bräuche übernommen zu haben.
Die Samariter haben bis heute auf dem
Garizim bei Sichem/Nablus ihr religiöses
Zentrum. Dort feiern sie nach wie vor ihr
eigenes Passahfest, das sich von dem der
Juden unterscheidet. Sie führen diese Art
und Weise zu feiern direkt auf Mose und
die Israeliten zurück und behaupten, die
Juden hätten das Fest verfälscht! Sie erkennen nur die 5 Bücher Mose als ihre
Heilige Schrift an und haben sich auch
durch besondere Gesetze und Vorschrif-
ten von den Juden abgesetzt.
Die Samaritaner waren bis in das 2. vor-
christliche Jahrhundert eine große blühende Gemeinde. Danach begann eine
gezielte Ausrottungspolitik der Römer.
Sie führte zu einer großen Reduzierung
dieser Religionsgemeinschaft. 35 n. Chr.
ließ Pontius Pilatus eine große Zahl von
ihnen auf dem Garizim ermorden. Dies
führte dazu, daß er von seinem Posten als
Prokurator abgesetzt wurde.
Heute hat die samaritanische Gemeinde
etwas über 500 Mitglieder. Die Hälfte von
ihnen lebt in Holon bei Tel Aviv als israelische Staatsbürger, der andere Teil lebt in
und bei Nablus im besetzten Gebiet und
hat bei den Palästinensern keinen leichten
Stand. Ihr Oberhaupt trägt den Titel „Ho-
herpriester".

10. Stunde:
Jesus beim Zöllner Matthäus

A Methodisch-didaktische Vorbemerkungen

Das Gespräch darüber, wie man gerne sein möchte und wie nicht, soll die Schüler hinführen auf die Begegnung Jesu mit einem Menschen, der so ist, wie die Schüler nicht sein möchten. Sie werden sehr schnell motiviert sein, darüber zu sprechen und ihre Vorstellungen auszutauschen. Das Tafelbild, das im Verlauf der Stunde ergänzt wird, soll Gedanken aufgreifen und vertiefen.
Die Schüler sollen begreifen, wie liebevoll sich Jesus dem verachteten Zöllner zuwendet und was das für dessen weiteres Leben und Verhalten bedeutet. Ein kurzer erster synoptischer Vergleich, der fakultativ vorgeschlagen ist, könnte diese Stunde abschließen.

B Ziele der Stunde

Die Schüler sollen ihre Empfindungen über Eigenschaften und Lebensweisen äußern und dazu Stellung nehmen.
Daneben sollen sie erfahren, was ein Zöllner zur Zeit Jesu Besonderes tat, wie er zu seinem Reichtum kam, wo er lebte und arbeitete und warum er von den anderen Juden verachtet wurde.
Sie sollen außerdem erkennen, was es für einen solchen Menschen bedeutete, von Jesus angesprochen und besucht zu werden.
Die Schüler sollen diese Zuwendung Jesu zum Zöllner auf die heutige Situation andeutungsweise anwenden können.
Durch den synoptischen Vergleich, der als Ergänzung anzusehen ist, sollten die Schüler erkennen, daß die Begegnung Jesu mit einem Zöllner von den verschiedenen Evangelisten unterschiedlich berichtet wurde.

C Stundenverlauf

Ein straff geführtes Gespräch über die Art und Weise, wie man gerne sein möchte und wie nicht, schließt sich in **Phase 1** an die Wiederholung der verschiedenen Gruppen aus der Umwelt Jesu an. Der Lehrer muß dieses Gespräch lenken, damit es sich nicht ins Uferlose verliert.
Das Tafelbild soll diesen ersten Schritt vertiefen. Der Lehrer kann auf die Vorschläge der Schüler eingehen, sollte aber das angebotene Schema vorgeben. Die Schüler sollten vor dem Abzeichnen wissen, daß das Tafelbild noch vervollständigt wird.

Die Informationsfrage nach dem Zöllner führt in die **Phase 2.** Einiges wird schon aus den beiden vorhergehenden Stunden bekannt sein.
Weiterführende Informationen wird der Lehrer bei der Betrachtung des Zollhauses (Mat. 11) geben.

Die Erzählung oder das Vorlesen des Erzählvorschlags „Jesus und Matthäus" (Mat. C) (siehe S. 39) soll zeigen, daß Jesus mit einem verachteten und von den anderen Juden geschnittenen Zöllner anders umgeht als seine Umwelt. Jesus wendet sich ihm zu, geht zum Essen in sein Haus, bietet Gemeinschaft und Freundschaft. Das Gespräch über das Gehörte soll zur Vervollständigung des Tafelbildes führen, wobei zunächst die beiden Worte „Keine Gemeinschaft" eingetragen werden. Erst die Auswertung von Jesu Verhalten führt zum letzten Schritt, dem Malen der Brücke.

Damit führt die **Phase 3** weiter zum Nachlesen der Begegnung Jesu mit Matthäus in Mt 9/9 – 13 in der **Phase 4.** Die Auswertung des Nachgelesenen geschieht über die Fragen nach „gesund", „krank" und „wer ist hier der Arzt". Der Tafelanschrieb verdeutlicht die Botschaft Jesu und zeigt, wie Jesus dieses „Brückenbauen" verstand.

Als 3. Schritt dieser Phase (fak.) ist ein kurzer, erster synoptischer Vergleich vorgeschlagen. Er leitet über zum 2. Hauptteil, der Beschäftigung mit der Bibel, dem Buch Jesu und dem Buch der Christen. Die Schüler werden sehr wohl die Unterschiede erkennen, die verschiedenen Namen und die verschiedenen Schauplätze. Den Schülern muß verständlich gemacht werden, daß es bei all diesen Berichten nicht um Tatsachenberichte, wie sie sie kennen, geht, sondern um Glaubenszeugnisse.

D Informationen über die Zöllner

Zur Zeit der römischen Besatzung wurden die staatlichen Steuern in der Regel von einheimischen Beamten eingezogen. Die Zölle jedoch wurden von Privatleuten eingezogen, die als Kleinpächter nach hellenistischem Vorbild vom jeweiligen Landesherrn gegen eine feste Jahressumme das Zollrecht über ein bestimmtes Gebiet bekamen. Der Pächter mußte diese Pachtsumme über das Jahr erwirtschaften, wobei er das Recht hatte, die Zölle selber festzulegen.

Der Zöllner war damit ein wohlhabender Jude. Das Eintreiben geschah häufig durch Angestellte, „Zöllner", wobei sich der Pächter selber „Oberzöllner" nannte. Beide, Pächter und Angestellter, suchten ihren Profit und waren als Römersympathisanten und als Ausbeuter von ihren Landsleuten verachtet. Man versagte ih-

nen die bürgerlichen Ehrenrechte, ließ sie vor Gericht nicht als Zeugen zu, und sie wurden nur dann in die Gemeinschaft der Pharisäer aufgenommen, wenn sie zuvor ihren Beruf aufgegeben und die ausgebeuteten Menschen entschädigt hatten.

Die Wendung „Zöllner und Sünder" findet man nur bei den Synoptikern. Sie stammt immer aus dem Mund der Gegner Jesu (z.B. Mk 2/15 – 17 par.).

Hinweis:

Als Wiederholung könnte die Begegnung Jesu mit dem Zöllner Matthäus in der folgenden Stunde von den Schülern nachgespielt werden.

Die **Hausaufgabe** (Rätsel, Arbeitsblatt 4) dient zur Vertiefung des Besprochenen.

**Arbeitsblatt 4 – Lösung
(für die Hand des Lehrers):**

1. Worfschaufel
2. Römer
3. Pharisäer
4. Bethlehem
5. Jordan
6. Tenne
7. Tonkrug
8. Samaritaner
9. Zeloten
10. Jerusalem
11. Getreidemühle
12. Genezareth
13. Einraumhaus
14. Zöllner
15. Kapernaum
16. Totes Meer
17. Schafe
18. Schalom
19. Ziegen
20. Januar

Lösungswort: Frieden allen Menschen

**Siegfried Schulz,
Jesus und Matthäus**

Noch war es kühl. Matthäus saß auf der Bank vor seinem Zollhaus und beobachtete die Schranke. Bis jetzt war nicht viel geschehen. Ein Bauer mit seinem Esel, einige Frauen auf dem Weg zum Markt, ein Hirte mit einigen Ziegen, die er wohl auch auf dem Markt anbieten wollte. Unfreundliche Gesichter wie immer, kein verbindliches Wort, keine Sekunde blieb einer von denen länger, als es unbedingt nötig war. Wenn die Sonne höher steigt, wenn der Schatten der Terebinte kürzer wird, wird sich zu der Unfreundlichkeit der Menschen die der Natur gesellen. Ein Zöllner muß vorbereitet sein: Wie der Tonkrug das Wasser umschloß, so umschloß eine andere Schale sein Herz.

Jetzt kamen zwei Männer die Wegbiegung herauf bis zur Zollschranke, blieben stehen, unterhielten sich, schienen zu warten. Matthäus beobachtete sie aus den Augenwinkeln, versuchte sie einzuschätzen. Jetzt kamen noch einmal zwei, dann fünf, dann drei, stellten sich zu denen, die schon warteten. Matthäus verlor den Überblick. Die Gesichter waren undurchdringlich. Keiner schien ihn wahrzunehmen. Es waren wohl Reisende.

Jetzt löste sich einer von ihnen aus der Gruppe, kam auf Matthäus zu. Der Zöllner wußte aus langer Erfahrung zu reagieren. Auf ein freches Wort wußte er zwei, auf jede dreiste Bemerkung eine noch dreistere Antwort. Im äußersten Fall blieb ihm noch die Höhe der Zollgebühr. Er konnte sie nach Belieben festsetzen. Dafür hatte er bezahlt. Und nicht gerade wenig. Die Römer verschenkten keine Münze.

Matthäus war bereit. Der Fremde kam geraden Weges auf ihn zu. Jetzt galt es. Der Fremde machte seinen Mund auf, sprach: „Friede sei mit dir, Matthäus!" Das hatte der Zöllner schon lange nicht mehr gehört. Wollte sich wohl einschmeicheln, der Fremde, billig davonkommen. „Ich wäre gerne Gast in deinem Haus. Heute. Ich und meine Schüler."

Erst in diesem Augenblick erkannte Matthäus den Wanderprediger aus Galiläa. Er saß wie betäubt, brachte kein einziges Wort heraus. Endlich erhob er sich mühsam und fragte töricht wie ein Kind: „Bei mir?"

Er hatte es doch eben gehört. Nur: er konnte es nicht glauben. Bei einem Zöllner wollte der Prediger und Wunderheiler, von dem alle Welt sprach, einkehren. Gab es keinen Würdigeren in der Stadt? Gab es da nicht Priester, Leviten, Schriftgelehrte, reiche Kaufleute, mächtige Beamte?

Die bestätigende Antwort hörte der Zöllner nur noch mit halbem Ohr. Er war schon unterwegs in die Stadt, nach Hause. Er mußte seine Frau unterrichten, Knechten und Mägden Anweisungen geben, die Freunde und Kollegen einladen, den Raum vorbereiten, das Essen...

Aber seine Frau glaubte ihm nicht. Ganz im Gegenteil, sie höhnte und spottete:

„Einen Scherz hat er gemacht, einen Witz! Vorbeigehen wird er! Er wird dich und dein Haus keines Blickes würdigen! Wer glaubst du denn, daß du bist? Hast du vergessen, wie du dein Geld verdienst? Weißt du nicht mehr, daß du ein Zöllner bist?"

Natürlich konnte sich Matthäus gegen seine Frau durchsetzen. Natürlich wurden die Kollegen eingeladen, der Raum eingerichtet, das Essen zubereitet. Viel schwerer war es, den Zweifel auszuhalten, den Widerspruch im eigenen Herzen. Was, wenn er sich getäuscht hätte, wenn seine Frau recht behielte. Ein Gespött wäre er den Leuten bis an sein Lebensende.

Stunden später sah er ihn oben in die Gasse einbiegen. Trauben von Menschen um ihn herum, Pharisäer und Schriftgelehrte, Frauen und Kinder, Kranke und Neugierige. Jesus schien viel, sehr viel Zeit zu haben. Matthäus hatte keine Zeit. Er konnte die Spannung kaum noch ertragen. Am liebsten hätte er gebetet.

Langsam, viel zu langsam, kam Jesus die Straße herunter. Noch vor dem Haus blieb er stehen. Minutenlang. Er schien Matthäus nicht zu sehen, vielleicht nicht sehen zu wollen. Endlich hob er den Kopf, blickte Matthäus an, nickte freundlich und kam die Stufen herauf. In diesem Augenblick schien in Matthäus etwas zu zerspringen. Die zwölf Schüler folgten ihrem Lehrer. Das Mahl begann.

Später wunderte sich Matthäus, daß Jesus über ganz alltägliche Dinge zu ihm gesprochen hatte. Kein vorwurfsvolles Wort, kein versteckter Hinweis auf seinen Beruf, kein Bekehrungsversuch. Wenn Jesus ihm die Ehre antat, in sein Haus zu kommen, dann war er bereit gewesen, sich einiges anzuhören. Nichts Derartiges geschah bis, ja bis es dann in ganz anderer Weise doch noch zu einer Auseinandersetzung zu kommen drohte.

Von der Tür her waren Geräusche zu hören, Gemurmel, das immer stärker wurde. Einmal sah er das erschreckte Gesicht seiner Frau, die ihm etwas zu signalisieren versuchte. Er verstand sie nicht. Jetzt wurde an die Tür gepocht, geschlagen. Die Geräusche von draußen schwollen bedrohlich an. Einer der Jünger stand auf, ging hinaus, kam zurück und flüsterte in des Meisters Ohr.

Jetzt war auch Matthäus klar, was da vor sich ging: Die Frommen der Stadt protestierten dagegen, daß Jesus bei ihm, einem Zöllner, eingekehrt war. Im gleichen Moment wußte Matthäus, daß er verloren hatte: Was konnte Jesus ausrichten gegen so viele? Vielleicht standen hundert draußen, vielleicht zweihundert. Und hier im Haus war er ganz allein mit einigen wenigen Freunden, die zumeist auch noch Zöllner waren. Die Entscheidung, die Jesus nun fällen würde, stand von vornherein fest.

Jesus stand auf von der Stelle, wo er zu Tisch gelegen hatte. Die Augen aller im Raum folgten ihm, die seiner Schüler genauso wie die des Zöllners und seiner Freunde. Selbst die Knechte und Mägde standen wie erstarrt. Keiner sprach ein Wort, auch Jesus nicht. Jetzt war er bei der Tür, öffnete sie, blieb im Türrahmen stehen, wartete, bis draußen Ruhe eingekehrt war, das Lärmen sich gelegt hatte. Dann erst rief er mit heller Stimme über die Menge hin:

„Wer braucht einen Arzt?
Die Gesunden oder die Kranken?
Lernt doch, was Gott sagt:
Barmherzigkeit will ich, nicht Opfer!"

Matthäus nahm Jesus erst wieder wahr, als der sich neben ihn setzte. Noch konnte er nicht glauben, was eben geschehen war und daß er gerettet war. Später dann, am Abend dieses Tages, gestand Matthäus seiner Frau: „So möchte ich auch werden."

Er vergaß, ihr zu sagen, daß sie sich getäuscht und er recht behalten hatte.

II. D DIE BIBEL, ENTSTEHUNG UND INHALT

11. Stunde:
Die Bibel – eine Bibliothek

A Methodisch-didaktische Vorbemerkungen

In dieser 1. Stunde des 2. Hauptteils geht es darum, das Wort „Bibel", ihren Aufbau, ihre Einteilung und Bedeutung kennenzulernen.

Dazu dient zunächst das Gespräch über sprachverwandte Fremdwörter, dann über die Bedeutung des Wortes „Bibliothek", die allen Schülern unter dem Begriff „Bücherei" bekannt ist, und die Information, daß auch die Bibel eine „Bibliothek" ist. Zum Abschluß dieser Stunde geht es darum zu erkennen, daß und warum die Christen die Bibel als ein besonderes Buch betrachten, als „Heilige Schrift", und warum die Bibel für die Christenheit so wichtig ist.

B Ziele der Stunde

Die Schüler sollen am Schluß dieser Stunde wissen,
- daß das Wort „Bibel" aus der griechischen Sprache kommt,
- wieso die Griechen gerade diesen Begriff als Bezeichnung für etwas Geschriebenes wählten,
- daß in einer Bücherei viele Bücher stehen, die nach besonderen Gesichtspunkten geordnet sind und daß man in der Bibel auch ein Ordnungsprinzip erkennen kann,
- daß die Bibel aus 2 Hauptteilen besteht, dem Alten und dem Neuen Testament, und wie ihre Grobeinteilung aussieht und benannt wird,
- warum die Christen die Bibel als Wort Gottes und als Heilige Schrift betrachten und verehren.

C Stundenverlauf

Die **Phase 1** hat als Ziel, das Wort „Bibel" für die Schüler verständlich zu machen und zu übersetzen.

Ein Gespräch über den Begriff „Bibliothek" und ähnliche sprachverwandte Fremdwörter wie Apo-theke, Vino-thek u.ä. soll deutlich machen, daß „Bibliothek" auch ein zusammengesetztes Wort mit zwei Teilen ist und daß der erste Teil „Buch" heißt. Dieses Wort stammt aus dem Griechischen und bedeutet im Zusammenhang mit „thek" einen Ort, an dem man Bücher aufbewahrt oder hinstellt.

Weiter sollen die Schüler wissen, daß die Griechen ihre Lautschrift, das Alphabet, von den Phöniziern übernommen haben. Diese gehen mit ihrer Lautschrift zurück auf das erste systematisch aufgebaute Alphabet, das während der Wüstenwanderung der israelitischen Stämme im 2. vorchristlichen Jahrhundert entwickelt wurde. Reste und Hinweise auf diese althebräische Schrift und Buchstaben findet man noch heute in Felsinschriften in der Wüste Sinai. Aus der phönizischen Hafenstadt Biblos, 40 km nördlich von Beirut, wurde im Altertum der Papyrus nach Griechenland eingeführt. Die Griechen lernten von den Phöniziern die Lautschrift und benannten deshalb nach dieser alten Stadt alles Geschriebene „biblos" (= Bibel, Buch).

Die **Phase 2** soll in den Aufbau der Bibel einführen. Dazu dient das Gespräch über die Ordnung in einer Bücherei, über ihre Abteilungen und ihren Aufbau.
In diesem Stundenvorschlag wird der Inhalt und Aufbau des evangelischen Kanons verwendet. Anhand des Inhaltsverzeichnisses der Bibel entsteht im Gespräch mit den Schülern das Tafelbild.

Die **Phase 3** dient der Vertiefung und führt über das reine Faktenwissen hinaus. Sicherlich wird das Gespräch über die Bedeutung der Bibel als der „Heiligen Schrift" o.ä. keinen allzugroßen Zeitraum einnehmen. Schüler dieses Alters sind vor allem am Faktenwissen interessiert. Man sollte sie aber nicht aus dem Nachdenken über die Bedeutung der Bibel entlassen! Auch theologisches Denken muß eingeübt werden und kann nicht erst im Erwachsenenalter beginnen!

Die **Hausaufgabe** muß besprochen werden. Der Kollege wird sich überlegen müssen, in welcher Breite und Ausführlichkeit er die Bücher (Arbeitsblatt 5) beschriften läßt. Unter Umständen wird er sich auf eine Auswahl der Namen auf den Buchrücken beschränken.
Der Spruch (Mat. 12; vgl. Teil D!) soll ebenfalls begonnen werden zu lernen.

D Zum Lernvorschlag (Mat. 12)

Mit dem Lernen des Spruches „In des Alten Bundes Schriften..." haben viele Kollegen gute Erfahrungen gemacht. Diesen gereimten Spruch zum Inhalt der Bibel haben seit Generationen württembergische Schüler und Konfirmanden gelernt.

Die meisten Schüler werden mit Eifer ans Lernen gehen, wobei es sicherlich wichtig ist, daß die jeweiligen Aufgabenteile nicht zu lang sind.

Einige Erklärungen sollte der Lehrer beim Besprechen der Namen, die den Schülern teilweise noch fremd sind und ungewohnt klingen, geben:
– „zwei von Samuel" bedeutet die zwei Bücher von Samuel,
– „Psalter" heißt im Inhaltsverzeichnis der Bibel „Psalmen",
– „Jonas Fehl" meint das Jonasbuch, das von dem vergeblichen Versuch des Propheten Jona erzählt, vor Gottes Auftrag zu fliehen,
– „Taten der Apostel" heißt „Apostelgeschichte" und erzählt von der Zeit der ersten Christen und vom Apostel Paulus,
– „beide Thessalonicher" sind die beiden Briefe des Paulus an die Gemeinde in Thessaloniki,
– „Petrus zwei" meint die beiden Petrusbriefe,
– „drei Johannes" die drei Briefe des Johannes.
Um nach dem vollständigen Lernen des Spruches den Erfolg spielerisch zu vertiefen, könnte am Schluß mit der Klasse als Wettspiel in zwei Gruppen ein „Bibelaufschlagspiel" gespielt werden.

E Weitere Vorschläge

Um die Kenntnisse der Inhalte der Bibel zu vertiefen, seien weitere Vorschläge gemacht:
– Der Lehrer besorgt 66 Streichholzschachteln oder läßt jeden Schüler einige mitbringen. Die Streichholzschachteln werden von außen mit dem Namen von jeweils einem biblischen Buch versehen.

Zu Beginn der einzelnen Stunden bekommen einige Schüler den Auftrag, die noch ungeordneten Schachteln in die richtige Reihenfolge zu bringen.
- Der Kollege erstellt auf 66 kleinen Zetteln die jeweilige Inhaltsangabe des entsprechenden Buches (z.B. 1. Mose: „Von der Schöpfung bis zu Jakobs Tod"; bei den neutestamentlichen Büchern genügt bei den Briefen der Titel) und läßt sie in die an der Reibfläche benannten Streichholzschachteln legen.

12. und 13. Stunde: Die Schreibmaterialien und Sprachen der Bibel

A Methodisch-didaktische Vorbemerkungen

Diese Doppelstunde ist wieder konkret und vorstellbar. Es geht um das Hintergrundwissen in bezug auf das Alte und Neue Testament und um seinen Aufbau und seine sprachliche Gestaltung. Daneben sollen die Schüler die Art und Weise kennenlernen, wie in der Alten Welt geschrieben wurde und wichtige Dinge schriftlich fixiert wurden.
Ein weiterer Schritt wird die Information über die erste deutsche Bibelübersetzung von Martin Luther aus dem Jahr 1534 sein. Die Schüler sollen ihre Bedeutung kennenlernen und auch die Wichtigkeit einer deutschen Sprache, die von allen Deutschen gelesen und verstanden werden konnte.
Zum Schluß geht es um eine kurze Betrachtung von 12 verschiedenen Bibelübersetzungen von Mk 1/1−4.

B Ziele der Stunde

Die Schüler sollen Bescheid wissen über.
- die Entstehungsprozesse der Schrift, die Sprache und die Schreibmaterialien vor und zur Zeit der Bibelentstehung,
- verschiedene fremdsprachliche Begriffe in Verbindung mit der Bibel,
- die erste deutsche, verständliche Bibelübersetzung Martin Luthers aus dem Jahr 1534,
- die Bedeutung einer verständlichen Bibelübersetzung in der eigenen Sprache.

C Stundenverlauf

Phase 1 beginnt mit einer kurzen Erzählung des Lehrers, wie Jesus in der Synaoge von Nazareth (nach Lk 4/16f) aus einem „Buch" vorlas. Die Schüler müssen wissen, daß die damalige Buchform die Rolle war, daß Jesus also aus einer Schriftrolle vorgelesen hat, die aus Leder, wie es den Juden seit altersher vorgeschrieben war, hergestellt war. Nach dieser Vorinformation geht es um die alten Schreibmaterialien. Die Ergebnisse, die vermutlich den Schülern nur andeutungsweise bekannt sein werden, werden an die Tafel geschrieben, erst im Anschluß daran sollte das Tafelbild entstehen.

Zu den Schreibmaterialien muß folgendes gesagt werden:
- In der Frühzeit benutzte man für kurze, wichtige Texte Stein oder Holz, in die man die Schrift mit Hammer und Meißel oder Messer einritzte.
- Ostraka sind Tonscherben, die man als Schreibmaterial verwendete. Die Texte wurden eingeritzt oder mit Tinte geschrieben.
  Vor allem in Assyrien und Babylonien wurden Texte als Keilschrifttexte auf diese Weise verfaßt.

– Die Tinte wurde entweder aus Ruß, Wasser und einer Gummilösung hergestellt oder aus Pflanzensäften, etwa dem Saft des Gallapfels oder aus Vitriol, dem in der Natur vorkommenden, wasserlöslichen Kupfersulfat, eine türkisblaue Flüssigkeit. Die Farben waren schwarz, rot und blau. Die Schreiber trugen für gewöhnlich zwei Tintenfässer für die verschiedenen Farben bei sich.

– Der Papyrus ist eine Schilfpflanze, aus deren Mark das wichtige antike Schreibmaterial Papyrus ab dem Beginn des 3. vorchristlichen Jahrhunderts gewonnen wurde. Papyrus wuchs vor allem in Ägypten im Sumpfgebiet des Nildelta und wurde bis zu 3 Metern hoch. Durch das Pressen der kreuzweise übereinandergelegten Blätter entstand „Papier", ein äußerst anfälliges und wenig haltbares Material.

– Die einzelnen Schriftseiten wurden aneinandergenäht und wurden so zu oft meterlangen „Schriftrollen", die zum Aufbewahren in Köcher gesteckt wurden, nachdem sie auf einen Stab gerollt worden waren. In den antiken Bibliotheken lagerte man sie in Regalen.

– Das Pergament ist ein äußerst beständiges, haltbares Material. Es wurde in der kleinasiatischen Stadt Pergamon entwickelt, nachdem die Ägypter ein Ausfuhrverbot für Papyrus nach Pergamon erlassen hatten. Es entstand aus besonders behandelten Tierhäuten von Schafen, Eseln, Ziegen oder Kälbern. Die Vorteile des Pergaments waren neben der Möglichkeit, es beidseitig zu beschreiben, seine große Haltbarkeit und die hellgelbe Farbe, die die Tinte deutlich erkennbar machte.

Ab dem 4. Jahrhundert n. Chr. verdrängte das Pergament den Papyrus fast vollständig. Bis ins späte Mittelalter hinein wurde es zum Beschreiben verwendet. Da die Herstellung sehr aufwendig und dadurch die Kosten hoch waren, wurde das Material von beiden Seiten beschrieben und häufig mehrfach verwendet. Die erste Gutenbergbibel wurde auf Pergament gedruckt. Die frühchristlichen Handschriften hatten in der Regel nicht die Rollenform, sondern die später geläufige Buchform.

Die Betrachtung der Abbildungen (Mat. 13) und der Tafelanschrieb vertiefen die Informationen dieser ersten Phase.

In der **Phase 2** geht es um die Sprachen der Bibel. Man wird es immer wieder erleben, daß Schüler die Vermutung äußern, die Bibel sei in deutscher Sprache geschrieben worden! Die Frage nach der Sprache der Israeliten wird sie dazu führen zu erkennen, daß die Menschen des Alten Testaments die hebräische Sprache sprachen und ihr Buch ebenfalls in dieser Sprache aufgeschrieben wurde.

Daß das Neue Testament in griechischer Sprache geschrieben wurde, muß vom Lehrer vermutlich als Information gegeben werden. Das Griechisch zur Zeit Jesu war das Koine-Griechisch, es war die Amtssprache der Römer, die Sprache der Gebildeten und der Literatur. Man kann davon ausgehen, daß damals jeder Jude, der lesen und schreiben konnte, auch des Griechischen mächtig war. Jesus selber wird vermutlich auch griechisch gekonnt haben. Seine Umgangssprache jedoch war das Aramäische, eine nordwestsemitische Sprache, die verschiedene Dialekte hatte und entfernt mit dem Hebräischen verwandt ist (vergleiche Mk 5/41 oder Mk 15/34).

Der Begriff „Testament" geht zurück auf das griechische Wort „diatheke" und bezeichnet nicht nur wie im Deutschen den letzten Willen eines Menschen, sondern ist weiter gefaßt und meint eine rechtsgültige Anordnung, eine verbindliche Satzung und den Vertragsabschluß zwischen zwei Partnern. Diese Bedeutung geht zurück auf den alttestamentlichen „berit", den „Bund" (vergleiche z.B. Jer 31/31), den Gott mit Abraham und dem Volk Israel schloß.

Die Unterscheidung „alter" und „neuer" Bund geht auf Paulus zurück (2. Kor 3/6−13), wobei Paulus damit zunächst nur die alttestamentlichen Gesetzesbücher meinte. Später wurde diese Bezeichnung auf die gesamte jüdische Bibel übertragen, und die neue christliche Schrift wurde als die „neue diatheke" der alten gegenübergestellt.

Die beiden Schriftbeispiele (Psalm 23 und die Weihnachtsgeschichte nach Lukas 2) aus der Bibel sollen den Schülern die Eigenarten der beiden Sprachen und die Schönheit ihres Schriftbildes zeigen (Mat. 14 und 15).

In der **Phase 3,** die fakultativ angeboten wird, geht es um die Lutherübersetzung der Gesamtbibel von 1534 und um verschiedene andere Übersetzungen. Abgebildet (Mat. 16) ist die erste Seite der ersten deutschen Gesamtbibel von 1534 mit der Inschrift:

> „Gottes Wort bleibt ewig.
> Biblia / das ist / die
> gantze Heilige Schrift Deudsch.
> Mart.(in) Luth.(er)
> Wittemberg.
> Begnadet mit Kürfürstlicher zu
> Sachsen freiheit.
> Gedruckt durch Hans Lufft.
> 1534"

Die Schüler werden Mühe haben, die ihnen nicht vertraute alte Schrift zu lesen. Der Lehrer wird vorlesen müssen und einige Informationen zur Lutherbibel und zu Luther selber geben.
M. Luther übersetzte während seines Zwangsaufenthaltes als Junker Jörg (als Folge des Reichstags in Worms, 1521) auf der Wartburg das Neue Testament ins Deutsche. Er „schaute dabei dem Volk aufs Maul" und entwickelte mit seiner Übersetzung eine einheitliche, verständliche deutsche Sprache, die auf die sächsische Kanzleisprache zurückgeht. Durch Luther wurde diese zur allgemeinen deutschen Hoch- und Schriftsprache.

Diese erste Übersetzung des Neuen Testaments entstand vom Dezember 1521 bis Februar 1522 und wurde die „Septemberbibel" genannt, weil sie im September 1522 nach der Durchsicht durch Melanchthon im Druck fertig war und verkauft wurde.

Für die Übersetzung lag Luther das griechische Neue Testament von Erasmus von Rotterdam aus dem Jahr 1516 sowie eine lateinische Übersetzung vor. Für das Alte Testament benutzte Luther die hebräische Textfassung. Da er selber nur wenig Hebräisch konnte, fand er Hilfe bei Melanchthon, Bugenhagen, Jonas u.a. Luther verbesserte ständig an seiner Übersetzung, die letzte von ihm verbesserte Fassung stammt aus der Zeit kurz vor seinem Tod 1546.

Zum Schluß sollen die Schüler 12 der mehr als 1500 Sprachen kennenlernen, in die die Bibel seither übersetzt wurde (Mat. 17). Dazu sei folgendes erklärt:
− Die deutsche Übersetzung von Mk 1/1−4 ist die der „Guten Nachricht", einer ökumenischen Fassung,
− Haus(s)a wird im zentralen Sudan, Nigeria bis hin zur Südsahara gesprochen und ist dort die bedeutendste Handelssprache. Gott heißt „Allah"!
− Mongolisch ist eine Schrift, die senkrecht von links nach rechts gelesen wird.
− Die Russen schreiben in kyrillischen Buchstaben.

- As(c)hanti wird an der Goldküste, in Westafrika und in Ghana gesprochen.
- Die chinesische Schrift ist eine Wortschrift, jedes Schriftzeichen stellt ein ganzes Wort dar. Die Gesamtzahl der Schriftzeichen wird mit etwa 50000 angegeben. Doch genügen 2000 bis 4000 für den täglichen Gebrauch.
- Die Sprache der Eskimos nennt man eskimoisch.
- Amharisch ist die offizielle Landessprache in Äthiopien. Die Schrift ging aus der südarabischen Schrift hervor. Die Sprache gehört zu den semitischen Sprachen.
- Die Apachen sind ein nordamerikanischer Indianerstamm, der heute in Neumexiko und Arizona angesiedelt ist.
- Die burmesische Sprache gehört zur tibeto-burmesischen Sprachfamilie und wird in Hinterindien gesprochen.

Die **Hausaufgabe** wird in gleicher Weise gemacht wie die der vorherigen 11. Stunde (Arbeitsblatt 6).
Der Spruch „In des Alten Bundes Schriften" (Mat. 12) wird weitergelernt!

14. Stunde:
Erlebtes wird Geschichte

A Methodisch-didaktische Vorbemerkungen

Die Frage danach, wie es früher war, wie die Eltern und Großeltern gelebt haben, was sie erlebt haben, gehört zur Entwicklungsstufe von Kindern in diesem Alter. Das zeigt z.B. auch ihre Lektüre, die häufig Geschehnisse aus der Vergangenheit zum Inhalt hat. Vielleicht ahnen Jugendliche dieses Alters schon etwas davon, daß das, was ihre Vorfahren, die Eltern und die Familie erlebt haben, auch etwas mit ihnen, mit ihrer eigenen Geschichte und Entwicklung, zu tun hat.
Dieses Interesse an der eigenen Vergangenheit macht den Schülern verständlich, warum auch die Menschen der Bibel an ihrer Geschichte interessiert waren und warum sie sie aufgeschrieben haben. Daß **eine** Begebenheit von den Betroffenen durchaus aus unterschiedlicher Sicht und mit verschiedenen Akzenten berichtet wird, wissen die Schüler aus eigener Erfahrung.
Das „Spiel" mit Namen und Ereignissen aus der Bibel soll einen groben Überblick über Inhalt und Aufbau der Bibel geben. Am Schluß der Stunde können die Schüler einige Namen und Ereignisse chronologisch einordnen und die Geschichte des Volkes Israel und Jesu in einem großen Zusammenhang sehen.

B Ziele der Stunde

Die Schüler sollen erkennen,
- daß Geschichte, auch wenn sie vergangen ist, dennoch in das Leben heute hineingehört,
- daß sie selber Teil der Geschichte sind,
- daß es wichtig ist, von der Vergangenheit etwas zu wissen,
- daß gerade alte Menschen das, was sie erlebt haben und was ihnen wichtig war, gerne weitererzählen und weitergeben,
- daß auch den Israeliten die Vergangenheit so wichtig war, daß sie sie aufgeschrieben haben,
- wie Namen und Ereignisse aus der Bibel zusammengehören und wie sie aufeinander folgen,
- wie Erlebtes zur Geschichte der Juden und Christen geworden ist.

C Stundenverlauf

Ein etwas ausführlicheres Klassengespräch steht im Mittelpunkt der **Phase 1.** Es geht darum, bei den Schülern Verständnis für die Vergangenheit ihrer Familie, der Eltern und Großeltern, zu wecken. Die Schüler, die sicherlich von sich aus schon danach gefragt haben, werden vieles schon wissen, was für sie und ihre Familie in der Vergangenheit prägend war. Aus diesen Gesprächen werden sie auch wissen, daß die Ereignisse von den Betroffenen jeweils unterschiedlich berichtet werden.

Das Gespräch über die eigene Vergangenheit führt weiter zur Geschichte der Menschen der Bibel. Auch ihnen war das Erlebte und Erfahrene so wichtig, daß etwa seit der Zeit von König David (um 1000 v.Chr.) begonnen wurde, wichtige Ereignisse aus der Geschichte des Volkes Israel vor allem von berufsmäßigen Schreibern aufschreiben zu lassen.

Um das Jahr 200 v.Chr. war das Alte Testament, die erlebte, nacherzählte und aufgeschriebene Geschichte Israels abgeschlossen; etwa um 120 n.Chr. die Berichte der Evangelisten, die Briefe und die anderen Schriften des Neuen Testaments.

Die Ergebnisse dieser ersten Phase werden in Auswahl an die Tafel geschrieben und von den Schülern in ihre Hefte übernommen.

Für die **Phase 2** muß der Kollege vorbereitete, stabile, beschriftete Kärtchen (Mat. D) (siehe S. 49) mitbringen. Die jeweiligen Namen und die entsprechende Geschichte sind Vorschläge, die jeweils nach Interesse umgeändert werden können. Wichtig ist es jedoch, einen möglichst großen Zeitraum von Namen und Ereignissen anzubieten. Mehr als 10 „Figuren" zu verwenden, ist nicht zu empfehlen.

Die vorgeschlagenen Namen und ihre Geschichte werden vermutlich längst nicht allen Schülern bekannt sein. Hier muß erzählt werden, wenn möglich nicht zu ausführlich, auch wenn jüngere Schüler beim Erzählen von biblischen Geschichten in der Regel dem Lehrer fast an den Lippen hängen!

Wenn vorhanden, kann man hier mit einer Flanelltafel oder einem Tageslichtprojektor sehr gut arbeiten. Wenn diese nicht vorhanden sind, begnügt man sich mit der Wandtafel und Tesafilm.

Als erstes werden die Namen und die Geschichten einander zugeordnet.

Die Schüler kommen nach Aufruf nach vorne und ordnen zueinander. Die entsprechenden Fragen hierzu befinden sich im Stundenblatt. Die zeitliche Anordnung wird vermutlich nur mit der Hilfe des Lehrers gelingen. Ob das Erarbeitete ins Heft übernommen wird, hängt von der Entscheidung des Lehrers und der Schnelligkeit der Schüler ab. Empfehlenswert ist die Übernahme in die Hefte, jedoch arbeiten die Schüler in dieser Klassenstufe zum Teil noch so langsam, daß es eine zu große Verzögerung ist.

Alternativvorschlag:

Der Kollege bringt ein so langes Papier mit in den Unterricht, daß die vorbereiteten Kärtchen (Namen und jeweiliges Ereignis untereinander) im Verlauf der Stunde darauf geklebt werden können.

Die Schüler, die dazu Lust haben, könnten zu Hause Bilder zu den jeweiligen Ereignissen nach Absprache malen. Diese werden in der folgenden Stunde bei der Wiederholung unter die jeweiligen Geschichten ebenfalls auf das Papier geklebt. Dieses „Arbeitsblatt" wird für einige Wochen im Klassenzimmer aufgehängt. Auf diese Weise bleibt das Erarbeitete den Schülern für einige Zeit vor Augen und in der Erinnerung.

Die **Hausaufgabe** „Rätsel" (Arbeitsblatt 7) greift auf den Stoff der letzten Stunden zurück und bedarf nur kurzer Hinweise.

Mat. D

Vorlage für die Kärtchen (14. Std., Phase 2):

Name	Ereignis
Name	*Ereignis*
Gott	schuf Menschen, Tiere, Pflanzen und die Welt
Abraham	zog aus seiner Heimat in das verheißene Land
Mose	führte die Israeliten aus der Knechtschaft in Ägypten
Salomo	ließ den Tempel bauen
Jesaja	tröstete die Israeliten in der Gefangenschaft in Babylon
Jesus	tat und sagte, was Gott will und zeigte den Menschen Gottes Liebe
Lukas	erzählte, wie Jesus in Betlehem geboren wurde
Johannes	war der Lieblingsjünger Jesu
Stephanus	starb als erster Christ, weil er Jesus treu blieb
Paulus	wurde vom Christenverfolger zum Christusbekenner

15./16. Stunde:
Die Evangelien entstehen

A Methodisch-didaktische Vorbemerkungen

Es geht in dieser Doppelstunde darum, Einblick in die Entstehung der Evangelien zu bekommen. Die Schüler sollen sich durch den Erzählvorschlag in die Situation des Evangelisten Lukas hineinversetzen und erkennen, wie wichtig es damals war, die Erlebnisse, Erzählungen, Berichte, Worte und Taten Jesu aufzuschreiben. Die verschiedenen Entstehungszeiten der Evangelien zeigen ihnen die große zeitliche Spanne zwischen Leben, Sterben und Auferstehung Jesu und den einzelnen Evangelien. Sie werden sicherlich auch begreifen, daß dadurch die Berichte unterschiedlich waren und daß es eventuell Irrtümer und Fehler gab. Der synoptische Vergleich des ersten Kapitels der drei ersten Evangelien gibt Einblick, daß keineswegs jedem Evangelisten dasselbe wichtig war und daß sie nicht jeweils dasselbe berichten.

In der Schlußphase wird die Erzählung Jesu vom barmherzigen Samariter (Lk 10) aktualisiert. Die Schüler sollen erkennen, daß der unter die Räuber Gefallene aus Jesu Erzählung heute ein Mensch sein könnte, der am Rande unserer Gesellschaft lebt oder ein verachteter Mitschüler oder ein Mensch ist, der auf Grund unserer Vorurteile nicht gewürdigt wird, und daß jeder der Schüler auch zu einem „barmherzigen Samariter" werden könnte.

B Ziele der Stunde

Am Schluß dieser Doppelstunde sollen die Schüler Bescheid wissen über
– die Entstehungszeiten der 4 Evangelien,
– den Abstand zwischen dem Wirken Jesu und der Niederschrift des ersten Evangeliums,
– die Schwierigkeiten, die dadurch entstanden sein könnten,
– die verschiedenen Motive, vom Wirken, von den Taten und Worten Jesu zu berichten,
– Orte und Anlässe, wo berichtet wurde,
– einige Gemeinsamkeiten und Unterschiede (z.B. in dem jeweils 1. Kapitel).

Das Ziel der Phase 4 ist es, die Geschichte vom barmherzigen Samariter zu aktualisieren und auf die heutige Situation und die Schüler und ihre Welt zu übertragen.

C Stundenverlauf

I. Begonnen wird die **Phase 1** mit dem Lesen des Briefes „Theophilus schreibt an Lukas" (Mat. 18), den entweder der Lehrer oder ein Schüler vorliest. Das Gespräch über das Gehörte wird – angestoßen durch einige Leitfragen – schnell zum Ziel führen.
Die Ergebnisse sollten nach der Information durch den Lehrer an die Tafel geschrieben und in die Hefte übernommen werden.

II. Erst nach dem Abschreiben wird der Anfang von Lukas 1 gelesen, die direkte Antwort auf die Frage: „Hat Lukas geantwortet, wie hat er geantwortet?". In diesen ersten vier Versen wird die Motivation des Lukas deutlich:
– Schon viele haben vor Lukas davon er-

zählt, die selber Augenzeugen des Lebens, Sterbens und der Auferstehung Jesu waren.
- Lukas will offensichtlich im Gegensatz zu den vorherigen Berichten die genaue Abfolge der Ereignisse aufschreiben.
- Sein Bericht soll verdeutlichen und festhalten, was schon vorher gelehrt und erzählt worden ist.

Das Nachlesen der ersten vier Verse sollte mit einem kurzen Nachgespräch abgeschlossen werden.

Die **Phase 2** besteht vor allem in der Information durch den Lehrer und in der Arbeit an der Tafel. Vor der Übernahme in die Hefte sollte der Lehrer anhand des Tafelbildes noch einige Fragen mit folgendem Ziel stellen:
- Die Schüler sollen erkennen, daß Jesus, wenn man vom Jahr 7 vor der Zeitenwende als Geburtsjahr ausgeht und 33 nach der Zeitenwende als Todesdatum voraussetzt, 40 Jahre alt wurde, also keineswegs ein junger Mann mehr war.
- Vom Tod Jesu bis zur Abfassung des Markus-Evangeliums vergingen etwa 37 Jahre.
- Zwischen Tod Jesu und dem Johannes-Evangelium liegen sogar etwa 60 Jahre.

Das Gespräch über die Motive des Lukas, sein Evangelium aufzuschreiben, greift Phase 1/II auf und führt noch einmal zu der Frage, wie und wo wohl von Jesus berichtet wurde, bevor es die Evangelien gab.

Der Lehrer berichtet kurz über die gottesdienstlichen Versammlungen der ersten Christen in den Häusern und von den Missionspredigten des Petrus und Paulus. Hier vor allem wurde von Jesus erzählt, gepredigt, bekannt und geglaubt, daß Jesus der Herr und Auferstandene ist.

Die Angaben über die Entstehungszeiten der Evangelien orientieren sich an den in den gängigen wissenschaftlichen Werken genannten Daten:
- Das **Markus-Evangelium** entstand vermutlich um das Jahr 70 n. Chr. außerhalb von Palästina. Ob der Entstehungsort Rom ist, ist ungewiß. Vermutlich schrieb Markus vor der Zerstörung Jerusalems und des Tempels (67–69 n. Chr.). Da er mit der Geographie Palästinas und den jüdischen Sitten wenig vertraut zu sein scheint, hält man ihn für einen Heidenchristen.
- **Matthäus** benutzt Markus und eine weitere Quelle als Vorlage, die sogenannte Logienquelle Q, die Reden Jesu gesammelt hatte, aber heute nicht mehr verfügbar ist. Daneben findet man bei Matthäus das „Sondergut", Texte, die nur bei ihm vorhanden sind (z. B. große Teile der Bergpredigt). Matthäus ist tief verwurzelt in der Religion und dem Gedankengut des Alten Testaments. Der Verfasser war vermutlich ein Judenchrist, der nach 70 n. Chr. (Jerusalem ist zerstört) seine „frohe Botschaft" schrieb.
- **Lukas** schreibt das längste und das sprachlich am sorgfältigsten gestaltete Evangelium. Auch er verwendet Teile des Markus-Evangeliums und die Logienquelle sowie Sondergut, kennt aber Matthäus nicht. Die Annahme, Lukas sei Arzt gewesen und/oder als Verfasser der Apostelgeschichte ein Paulusbegleiter (vgl. Kol 4/14 oder 2. Tim 4/11), läßt sich nicht belegen. Sein Evangelium entstand nach 70 (80–90?), der Entstehungsort ist unbekannt, Lukas scheint Palästina nicht zu kennen.
- Das **Johannes-Evangelium** unterscheidet sich stark von den Synoptikern, auch wenn Johannes offensichtlich die drei ersten Evangelien kannte. Heute nimmt man allgemein an, daß der Verfasser weder der jüngste Jünger Jesu (Joh 13/23, 19/26 u. a.) war noch

ein Augenzeuge des Wirkens Jesu. Das Johannes-Evangelium entstand vor 100 n.Chr. (90–100?), Ort und Person sind nicht festzulegen.

Die **Phase 3** verzichtet wegen der Andersartigkeit des Evangeliums darauf, in den synoptischen Vergleich des jeweils ersten Kapitels Johannes mit einzubeziehen.

Auf die Einstiegsfrage folgt das Tafelbild, das der Lehrer nach der Nennung der verschiedenen Überschriften erstellt. Die Schüler müssen auf die verschiedenen Inhalte hingewiesen werden:

– Markus kennt keine Geburtsgeschichte, sein Evangelium beginnt mit Johannes dem Täufer und den Worten und Taten des erwachsenen Jesus in Galiläa.
– Matthäus hat einen ausführlichen Stammbaum Jesu und seiner Vorfahren und berichtet von seiner Geburt.
– Lukas berichtet im 1. Kapitel die Vorgeschichte, die Geburt Jesu folgt erst im 2. Kapitel.

Die **Abschlußphase 4** soll den Schülern zeigen, daß die Botschaft der Bibel auch für die Menschen in unseren Tagen gilt. Es geht um die Aktualisierung der Botschaft Jesu, um eigene Stellungnahme und um die Frage: „Wo komme ich, wo kommt meine Welt in dieser Geschichte vor? Bin auch ich, kann auch ich ein barmherziger Samariter sein?" Vermutlich wird der Kollege den Inhalt von Lk 10 erzählen müssen, bevor der „Dialog zum Gleichnis vom barmherzigen Samariter" (Mat. 19) von zwei Schülern vorgelesen wird.

Im Nachgespräch sollte den Schülern klar werden, daß „dummes Gerede über andere" z.B. Menschen meinen könnte, die
– dick oder behindert sind,
– ein anderes Geschlecht, eine andere Nationalität, eine andere Hautfarbe haben,

– einen anderen Schultyp besuchen,
– arbeitslos, Asylsuchende oder Aussiedler sind, u.a.

Die Frage, wer gut und wer schlecht ist, warum jemand einen anderen verachtet oder Vorurteile hat, läßt sich nur im konkreten Einzelfall beantworten. Wichtig jedoch ist, daß die Schüler begreifen, daß es darum geht, das Gute, das Notwendige und das gerade Erforderliche zu tun! Die Schüler können so erkennen, daß auch sie zu einem „barmherzigen Samariter" werden können, wenn sie wie das Vorbild aus Jesu Erzählung dem helfen, der ihrer Hilfe, ihrer Freundschaft, ihrer Unterstützung oder ihrer Freundlichkeit bedarf.

Die Frage nach ähnlichen Geschichten werden die Schüler eventuell mit eigenen Erlebnissen, mit Gelesenem oder Gehörtem beantworten.

Die **Hausaufgabe** (Arbeitsblatt 8) dient als Lernkontrolle für das in dieser Einheit D Gelernte (und könnte auch für eine schriftliche Wiederholungsarbeit verwendet werden).

**Arbeitsblatt 8 – Lösung
(für die Hand des Lehrers):**
(in der Reihenfolge der Wortlücken)

griechischen, phönizischen, Biblos, Buch, Bibliothek/Bücherei, 66 Büchern, 39 Bücher, 27 Bücher, Bund, Papyrus, Pergament, Tinte, Gänsekiel/Rohrfeder, Papyrus, Sumpf, drei, Pergament, haltbarer, Pergamon, Schriftrolle, Tonkrügen, hebräischer, griechischer, Martin Luther.

17. Stunde:
Das Abenteuer von Qumran

A Methodisch-didaktische Vorbemerkungen

Die Tonbildserie „Das Abenteuer von Qumran" bildet den Abschluß der Einheit D dieses Stundenblattes.
Die Tonbildserie bietet durch ihre interessante Darstellung für die Schüler einen guten Einblick in die Bedeutung der Funde von Qumran, berichtet über die Jesaja-Rolle A und die anderen Fragmentenfunde und über die Mönchsgemeinschaft der Essener im Kloster von Qumran.

B Ziele der Stunde

Die Schüler sollen
- die Bedeutung des Ortes Qumran am Toten Meer,
- die Wichtigkeit der Handschriftenfunde und der Jesaja-Rolle A,
- die Mönchsgemeinschaft der Essener im Kloster kennenlernen.

C Stundenverlauf

Das Vorführen der Tonbildserie „Das Abenteuer von Qumran" erfordert einen verdunkelbaren Raum, einen Diaprojektor und ein Kassettengerät.

Die **Phase 1** dauert 30 Minuten. Man muß keine Vorinformationen geben, die Handlung der Tonbildserie ist bis auf wenige Einzelheiten für die Schüler interessant und ansprechend.

Phase 2 greift die Fragen der Schüler auf und soll die Bedeutung der Funde von Qumran noch einmal erläutern.

D Informationen zu Qumran

Durch Zufall wurde die „Höhle 1" 1947 von einem Hirtenjungen entdeckt. Man durchforschte die Gegend systematisch und fand in etwa 40 Höhlen Spuren von Bewohnung, Keramik, Papyrusfragmenten und Schriftrollen. In 11 Höhlen entdeckte man für die Erforschung und die Erschließung der Zeit von 135 v. Chr. bis 68 n. Chr. bedeutsame Fragmente. Weil die Rollen in Krügen aufbewahrt wurden, waren die meisten unten abgebrochen.
Der größere Teil der Texte ist in hebräischer Sprache geschrieben. Bei Grabungen stieß man 1951 unerwartet auf die Ruinen der ehemaligen Klosteranlage der Essener. Später fand man um das Kloster herum 4 Friedhöfe mit schätzungsweise 1200 Gräbern, die bis auf wenige Ausnahmen Männergräber waren. Um das Kloster herum lebten Mönche in Höhlen, offensichtlich bot das Kloster in seiner Blütezeit nicht genügend Wohnraum für alle Mönche. Das Kloster wurde im Jahr 135 v. Chr. gegründet. Bis zum großen Erdbeben im Jahr 31 v. Chr. lebte dort eine große Schar von Mönchen.
Die Essener hatten sich von der Jerusalemer Kultgemeinde getrennt, waren unter charismatischen Führern in die Wüste gezogen und hatten in Qumran als Ersatz für den Tempelkult in Jerusalem einen eigenen Kult aufgebaut. Von 1 bis 68 n. Chr. gab es dort eine zweite Blütezeit, von der Josephus berichtet und als Bewohner 4000 Mönche nennt.
Diese Gemeinschaft wurde durch den Einmarsch der zehnten römischen Legion von Vespasian beendet, der von Galiläa kommend durch das Jordantal gegen Jerusalem zog. Die Mönche konnten ihre umfangreiche Bibliothek in Tonkrügen in den umliegenden Höhlen verstecken, bevor das Kloster im Juni 68 n. Chr. von den Römern zerstört wurde. Ob in den Höh-

len auch der Tempelschatz aus Jerusalem versteckt wurde, ist bis heute ungeklärt.

Die Mönche flohen größtenteils nach Masada, wo sie vermutlich im Jahr 73 zusammen mit den Bewohnern ihrem Leben selber ein Ende setzten. Das Kloster in der menschenfeindlichen Gegend des Toten Meeres war deshalb lebensfähig, weil durch ein Aquädukt aus der höhergelegenen Wüste Süßwasser herangebracht wurde. Außerdem belieferte die Oase En-Feschka die Mönche mit den zum Leben notwendigen Dingen.

Die Bedeutung der Funde von Qumran liegt neben den Handschriftenfunden darin, mit den Essenern eine neben den Pharisäern und Sadduzäern bedeutsame dritte Gruppe erkannt zu haben. Sie geben wichtige Hinweise für die „Kulisse" des Neuen Testaments.

Auch wenn man eine Nähe von Johannes dem Täufer zu dieser Gruppe feststellen kann, gibt es doch markante Unterschiede: Allein die Praxis der einmaligen Johannestaufe im Unterschied zu den täglichen rituellen Tauchbädern der Essener zeigten einen wesentlichen Unterschied.

Eine Beziehung zu Jesus läßt sich noch schwieriger herstellen. Jesus unterschei-

det sich z.B. mit seinem Gebot der Feindesliebe (Mt 5/43f) markant von der Sektenregel (1/9f), die ausdrücklich dazu auffordert, „... alle Söhne der Finsternis zu hassen".

In den Qumrantexten wird nirgendwo eine Gestalt des Neuen Testaments erwähnt. Der „Lehrer der Gerechtigkeit" ist nicht mit Jesus zu identifizieren, auch nach seinem Tod wird weiter auf den Messias gewartet.

Der wichtigste biblische Fund von Qumran ist sicherlich die Jesaja-Rolle A. Sie ist von besonderer Qualität. Sie besteht aus 17 mit Zwirn zusammengenähten Pergamentstücken und ist in 54 Kolumnen unterteilt. Sie ist 7,54 m lang und 24,5 bis 27 cm hoch. Im zusammengerollten Zustand ist sie 12 cm dick. Sie bietet den vollständigen Text des Propheten Jesaja in hebräischer Sprache. Geschrieben wurde sie zwischen 200 und 150 v.Chr.

Die Ergebnisfixierung schließt diese Phase 2 ab.

Die **Hausaufgabe** dient dazu, das in dieser Stunde Gehörte und Gesehene noch einmal zu vertiefen (Arbeitsblatt 9).

Literatur- und Medienverzeichnis

(Vergleiche auch die Kommentierte Bibliographie!)

Bücher:

David und Pat Alexander (Hrsg.) „Handbuch zur Bibel", R. Brockhaus Verlag Wuppertal

Michael Avi-Yonah „Das Heilige Land", Verlag C. J. Bucher Luzern

I. Baldermann „Einführung in die Bibel", UTB Vandenhoeck Verlag Göttingen

Dan Bahat „Jerusalem", Verlag der Francke-Buchhandlung Marburg

Hans Bardtke „Die Handschriftenfunde am Toten Meer", Ev. Haupt-Bibelgesellschaft Berlin

„Beduinen im Negev", Ausstellungskatalog, Verlag Ph. von Zabern Mainz

G. Bornkamm „Jesus von Nazareth", Urban Bücher, Kohlhammer Verlag Stuttgart

Walter Bühlmann „Wie Jesus lebte", Rex-Verlag Luzern

Rudolf Bultmann „Das Urchristentum", Rowohlt-Verlag Hamburg

Peter Connolly „Das Leben zur Zeit des Jesus von Nazareth", Tessloft Verlag Hamburg

H. Conzelmann / A. Lindemann „Arbeitsbuch zum Neuen Testament", UTB Siebeck Verlag Tübingen

H. Conzelmann „Grundriß der Theologie des Neuen Testaments", Chr. Kaiser Verlag München

S. Ph. De Vries „Jüdische Riten und Symbole", Fourier Verlag Wiesbaden

die mundorgel, Mundorgel-Vertrieb Waldbröl

Lutz von Dick „Feinde fürs Leben?", rororo Rotfuchs Hamburg

David Flusser „Jesus", Rowohlt-Verlag Hamburg

„Fundamente" Christsein heute, Ein Unterrichts- und Arbeitsbuch Schriftenmissions-Verlag Gladbeck/Westfalen

Erhard Gorys „Das Heilige Land", Dumont Buchverlag Köln

Walter Grossmann „Der gelbe Wind", Kindler Verlag München

Roland Gradwohl „Was ist der Talmud?", Calwer Verlag Stuttgart

Traugott Holtz „Jesus aus Nazareth", Union Verlag Berlin

K. Koch u.a. (Hrsg.) „Reclams Bibellexikon", Reclam Verlag Stuttgart

Gerhard Lohfink „Jetzt verstehe ich die Bibel", Verlag Katholisches Bibelwerk Stuttgart

E. Lohse „Umwelt des Neuen Testaments", Vandenhoeck und Ruprecht Verlag Göttingen

Johann Maier / Peter Schäfer „Kleines Lexikon des Judentums", Christliche Verlagsanstalt Konstanz

Merian „Israel"

Merian „Jerusalem" Merianmonatshefte, Hofmann und Campe Verlag Hamburg

Bernd Moeller „Geschichte des Christentums in Grundzügen", UTB Vandenhoeck und Ruprecht Göttingen

R. C. Musaph-Andriesse „Von der Tora bis zur Kabbala", Vandenhoeck und Ruprecht Verlag Göttingen

Walter Neidhart / Hans Eggenberg „Erzählbuch zur Bibel", Benziger/Kaufmann Verlag Zürich

Ministerium für Kultus und Sport Baden-Württemberg „Das Kind in Klasse 5 des Gymnasiums", Veranstaltung vom 26. April 1990

Gottfried Müller „Die ersten Jahrhunderte", Ev. Haupt- und Bibelgesellschaft Berlin

Fritz Rienecker (Hrsg.) „Lexikon zur Bibel", Brockhaus Verlag Wuppertal

L. Schottroff / W. Stegmann „Jesus von Nazareth, Hoffnung der Armen", Urban Taschenbücher Kohlhammer Verlag Stuttgart

Gerd Theißen „Der Schatten des Galiläers", Chr. Kaiser Verlag München

Unterrichtsmodelle Fach Religion „Die Bibel als Buch", Kösel Verlag München

G. Wilk „Straßen der Bibel", Wichern-Verlag Berlin

Hans Witzig „Zeichnen zur Biblischen Geschichte", Verlag des Schweizerischen Lehrervereins Zürich

Filme und Tonbildserien:

Jörg Zink / E. Röhm „Leben in der Wüste", Imatel Stuttgart, 1977

F. Traudisch „Das Abenteuer von Qumran", eine Tonbilddokumentation, Burckhardthaus-Verlag, 1972

Landkarte:

Bazak „Guide to Israel"; Touring Map Steinmatzky Verlag Tel Aviv / Israel

Arbeitsmaterial:

„Palästinahaus", Ein Bastelbogen Nr. 17, Aue-Verlag Möckmühl / Stuttgart

Inhalt des Materialienheftes
„Materialien Zeit und Umwelt Jesu"
Klettbuch 26875

Stundenblätter Religion

Sekundarstufe I

Getzeny, Hans
Stundenblätter Freundschaft – Liebe – Partnerschaft
Klettbuch 926741

dazu das Materialienheft für Schüler: Klettbuch 26863

Schulz, Anneliese
Stundenblätter Den Nächsten lieben – das Notwendige tun
Außenseiter – Ausländer – Behinderte
Klettbuch 926744

dazu das Materialienheft für Schüler: Klettbuch 268690

Schulz, Siegfried
Stundenblätter Bergpredigt
Klettbuch 926742

dazu das Materialienheft für Schüler: Klettbuch 26864

Schulz, Siegfried
Stundenblätter Christen und Juden
Klettbuch 926703

dazu das Materialienheft für Schüler: Klettbuch 268670

Schulz, Siegfried
Stundenblätter Gott suchen – Gott erfahren
Klettbuch 926705

dazu das Materialienheft für Schüler: Klettbuch 268730

Schulz, Siegfried
Stundenblätter Sterben – Tod – Auferstehung
Klettbuch 926721

dazu das Materialienheft für Schüler: Klettbuch 268610